森のピッコロ物語

信じて待つ保育

中島久美子

中村堂

はじめに

森のピッコロようちえんは2007年に山梨県北杜市に生まれた小さなようちえんです。「幼稚園」と漢字にしないのは、文部科学省に認可されていないからです。ピッコロようちえんは文科省どころか認可外保育施設にも認定されず、幼児教育無償化の今、その制度にも乗れずに北杜市の片隅で地味に活動しています。ただ月1回の視察日（大人がピッコロようちえんの保育を見る日）には、公共交通機関もないこの山奥に、近隣で前後泊をして、いろいろな方々が日本各地から（海外からも）子どもたちに会いにいらしてくださいます。私も真の教育を求めオランダやドイツ、国内を訪れていたので、視察にいらっしゃる方の気持ちがよくわかります。ピッコロようちえんがいいということではなく、時間もお金もかけて仕事を休んでいらしてくださるのは、日本には本気の教育者がまだまだいらっしゃるということで、それが子どもたちの未来を明るくするのではないかと思います。

私はピッコロようちえんで保育をして17年が経ちます。「子どもが見ている景色がどうしても見たい」との思いから、彼らがいる世界を探ってきましたが、探れば探るほど遠のき、彼らの世界には一生追いつけないということがわかりました。ただ追いつけないからと言って、追いつきたい気持ちが止まることもなく、知れば知るほど彼らは美しく、そこに触れるたびに感動し、自分の濁り度にがっかりし、でもその濁りを少しでも澄んだものに変えたく、要は内観し自己を成長させるための 17 年間だったのかもしれません。子どもたちには感謝しかありません。

以前、ピッコロっ子に「大人には大人が言ってほしい」と言われたことがあります。子どもたちがどんなに真剣に言葉を発しても言語も未熟で、また大人も本気にしないので伝わらないということです。私は彼らに失礼がないように（いや、かなり失礼なことをしているとは思いますが、すみません）、彼らが本当は何を言いたいのかを理解しようとしてきました。私が見た彼らの深さ、尊さは大人が想像もつかないもので、少しでも私の文で大人に伝えられたら、もしかしてより平和な社会になるかもしれないとも思っています。本には私が文にできる程度のことしか書けていませんが、現場は毎日本当に驚愕するできごとが起きています。どうぞピッコロようちえんにいらしてください。かわいいだけでなく、しっかり自分を生きている彼らを感じてくださると嬉しいです。

中島久美子

もくじ

1-1
森のピッコロ物語

きまりを守る子

　新入園さんが入り、今年も毎日バタバタしている。ピッコロでは森の神様にお祈りをしてから一斉に弁当を食べ始める。当番は決めていないので、その日お祈りをしたい子が前に出て祈る。４月、最初の１週間は保護者も一緒に保育に入るのだが、毎年のことで新入園さんはお祈りを待たずに食べ始める。その日、その子のお母様はそれを黙って見ていた。するとおいしそうに食べていた彼は、しばらく

すると食べる動作をピタッとやめた。あれ？と思って見ていると、なんと「ちょっと待ってよ～」と言って、自分でふたを閉めたのだ！！　びっくりした！！　お母様は「周りを見たのですね」とおっしゃっていたが、私は腰が抜けた。新入園さんでも「指示されず自ら弁当を食べない」ということができるのだ。

もし自分の子がお祈り前に食べ始めたら親はどうするだろう。だいたいの人は「お祈りしてからね」と教えるだろう。それは親心でいいと思う。ただこの場合のように、少し待てばもしかしたら自分で食べるのをやめることもあるかもしれない。もっと言うと同じ「お祈りの前に食べない」という行為でも、大人に言われて食べないのと自分で気づいて食べないのでは全く違う。ではなぜ私たちは「まだよ」と言いたくなるのか。言った大人はそれがなぜかを考えてみるといいと思う。「一人だけ違うことをしてはだめだから」。「集団生活になじんでほしいから」。「きまりを守る子になってほしいから」。いろいろあると思うし、そのすべては合っていると思う。私もきまりを守る子になってほしい。現に年長中児は、どんなにお祈りが遅くなっても食べずに待つ。ではそれはなぜなのだろう。私は「どうしてお祈りの前に食べないのかな」と、年長児に聞いてみた。進級したばかりなので「ピッコロのきまりだから」と言うと思っていた。それはそれでいいのだが、年長女児みれいちゃんはこう言った。「だってお祈りさんがお祈りしてくれてるんだよ（当たり前でしょという口調）」。きまりだからではない。お祈りをする子に感謝しているので食べないということだ。予想外の返答で少し驚いたが、さらに聞いた。中島「でもさ、ありがとうって思うのなら、食べながらでもありがとうって思えるんじゃないかな」。純粋にそう思った。するとみれいちゃんはこう言ったのだ。「それはなんか変」。ムシャムシャ食べながらお祈りをしている子に「感謝してます」と言っても、説得力は確かにない。進級したばかりの年長児がこんなことを考えていた。

一見彼らはきまりを守っているように見えるが、それは大人に何回も「お祈りの前に食べてはいけません」と言われたわけではなく、友に感謝するという心が育っているから自ら待てるということだ。私の仕事はこの事例で言うと「食べてはいけません」と言うことではない。「自ら食べるのをやめようと思う子」に育てるということで、この場合はお祈りをする人への感謝の気持ちを育てるということになる。

ピッコロの園庭は雨が降ると田んぼ状態になる。先日も年中男児よっちゃんが泥に右側の長靴が深くはまって、長靴ごと取れなくなっていた。左足は地上に出ているので何かにつかまって抜こうとするが、なかなか抜けなかった。しばらく試行錯誤していると、年長児が通りがかって引っ張ってくれた。その時にも聞いてみたのだ。中島「どうしてあんなに深くはまって泣かなかったのかな」。よっちゃん「だってそれは泣くことじゃない」（すごい）。その日は入園式だったので、保護者も近くにいた。中島「どうしても抜けなかったら、お母さ～んって呼びたくなっちゃうでしょ」。よっちゃんはこう言った。「それは自分がやったことだから（呼ばない）」。これも自分のことは自分でやりましょうと大人に散々言われたわけではない。自分のことは自分でやりたいと思う心が育っているのだ。

「まだ食べてはいけません」「自分のことは自分でやりましょう」と、言葉だけで保育している限り、この言葉は永遠に続くと 20 年前私は思った。だから言葉で指示せずに保育することに決めたのだ。ただその場合、指示する保育よりずっといろいろなことをしなくてはならない。何をしているかは一言ではとても言えないが、ただ見ているだけ、子どものいいなりになるだけでは自由保育はできない。またそれは大人がどこを見てどんな願いを持って彼らと接しているのか、要は私の人間性みたいなところで勝負するということで、保育も子育ても大人が試されているのだと思う。

1-2

森のピッコロ物語

北風と太陽

先日こんなことがあった。森で年長女児が「叩かれたのに謝ってないのでまだ嫌だ」と言った。前日の帰りの会のときに年少男児てんちゃんが数名を棒で叩いた。迎えに来たお母さんに聞きたいことがあり、行こうとしたらみんなに止められたからだ。森で子どもたちはてんちゃんに謝ることを勧めた。てんちゃんは「謝るの嫌い」と言う。「謝った方がいい」「嫌だ」というやりとりが数分続いた。私は

いつものように「てんちゃん謝るの嫌いなんだ(共感)」。「うん」。「なんで嫌いなの(自分の気持ちを見る)」。「嫌だから」。という会話をした。私は幼少期、謝罪が苦手だったので、てんちゃんの気持ちが少しわかる。中島「謝れないときもあるよね」。「うん」。でもここで終わりにしてはいけない。中島「てんちゃんが謝らないとみんな嫌な気持ちのままなんだよね、どうする」。すると子どもたちが、謝れるようにカウントダウンし始めたのだ。「10！　9！　8！　7！…」。私には彼らが応援しているように見えたが、てんちゃんの表情を見た年長女児みれいちゃんはこう言った。「そんなことしないであげて。てんちゃんが嫌な気持ちになると謝れなくなるよ」。応援した子はがっかりうなだれた。

次に年長男児まる君が「心のスイッチ押さないと」と言った。心の中に謝るスイッチがあるそうだ。てんちゃんは「押せない」と言った。次に年長女児さくちゃんが「心を変える」と言った。方法を聞くと「サイコロ振って心を変える」と言った。さくちゃんも以前サイコロを振るように自分で気持ちを調整したのだろう。てんちゃんは「できない」と言った。子どもたちは、てんちゃんの本心は謝りたいと思っていることを信じ諦めなかった。席をはずす作戦に移行。「せっかく遊ばないで待っててあげたのに行っちゃうよ～」と言い、彼らはてんちゃんを見ながら斜めに歩く。頭にきて立ち去る雰囲気とは全く違う。それでも謝らなかったので、てんちゃんの周りには人がいなくなった。その後、昼食のためピッコロへ帰ることにした。円形での人数確認中、子どもたちは「(てんちゃんは) まだ謝ってない」と言う。「そうだね、まだ謝ってないね」と私が言うと、年中男児おーちゃんが突然言ったのだ。「僕が謝ってあげようか」。え、正直私はこれがいいのか面食らった。中島「え、あ、おーちゃんが代わりに謝ってあげるの」。「うん」。まずはてんちゃんに確認したら、彼はいいと言った。中島「で、みんなはいいのかな」。誰かが「自分で謝らないとダメ」と言うかと思ったが、全員がいいと言った。迷ったが、その場の雰囲気に濁りがなくキレイだと感じたので、ここは子どもたちに任せることにした。判断は私の感覚も入るのでいつも難しい。おーちゃんは一人で円形の真ん中に立ち、次々と謝っていく。「ごめんね」。「うん」。「ごめんね」。「いいよ」。静かな森で静かな時が流れ、大人たちは息が止まり、泣いている人もいた。こんな解決方法があったのだ。すると数名に謝り終わったとき、てんちゃんが口を開いた。「ごめんねだけじゃわからないよ」。(笑)。するとおーちゃんは静かに「叩いちゃってごめんね」と、最後まで続けたのだ。大人たちには衝撃すぎて、すぐには歩けなかった。

関わりはここで終わってはダメだと思う。この件は謝ら

中村堂　書籍案内

Education & Communication
〒104-0043　東京都中央区湊3-11-7　湊92ビル4F
Tel. 03-5244-9939　　Fax. 03-5244-9938
URL http://nakadoh.com
2023年8月作成

2023年7月　刊行スタート!!
菊池道場連続セミナーシリーズ

大好評 最新刊

クラスづくりのゴールイメージ

チームの成長モデルである「タックマンモデル」をゴールイメージを見据えた1年間の教室の成長に当てはめて提案。

【著】菊池省三、牧野真雄、堀井悠平
定価2,200円(本体2,000円＋税10%)
ISBN 978-4-907571-89-4

【今後の刊行予定】
- シリーズ**2**　子どもをはげます言葉かけの極意(仮)
- シリーズ**3**　学び合う空気が満ちた教室(仮)
- シリーズ**4**　授業を変える教師のパフォーマンス(仮)
- シリーズ**5**　対話・話し合いの授業で大切なこと(仮)

ロングセラー

菊池実践を学ぶ教科書

コミュニケーション力あふれる学級と児童をどのように育んでいくかが分かる「菊池実践」を学ぶ１冊。

コミュニケーション力あふれる
「菊池学級」のつくり方

【著】菊池省三、菊池道場
定価 2,200 円 (本体 2,000 円 + 税 10%)
ISBN 978-4-907571-00-9

短時間ですぐにできる

62種類のゲームで楽しくコミュニケーション力がつく。低・中・高学年別の対応表付き。実用度抜群!!

「話し合い力」を育てる
コミュニケーションゲーム62

【著】菊池省三、池亀葉子　他
定価 2,750 円 (本体 2,500 円 + 税 10%)
ISBN 978-4-907571-13-9

家庭でできるコミュニケーション教育、コーチング

コミュニケーション力豊かな子どもを育てるために、家庭でできる51のポイントを紹介。

【著】菊池省三
定価 1,650 円
(本体 1,500 円 + 税 10%)
ISBN978-4-907571-33-7

コミュニケーション力豊かな子どもを育てる
家庭でできる 51 のポイント

子育ての様々な場面で子どもの笑顔を引き出すコミュニケーションの 77 のヒントを紹介。

【著】本間正人、小巻亜矢
定価 1,650 円
(本体 1,500 円 + 税 10%)
ISBN978-4-907571-57-3

新版　笑顔のコーチング
子育て７７のヒント

豊かな教育のために

四国四県の仲間が、菊池実践を携えて、挑戦を始めた姿を紹介。

【著】菊池省三、堀井悠平、乾孝治、渡瀬将基、牧野真雄
定価 2,200 円
(本体 2,000 円 + 税 10%)
ISBN978-4-907571-21-4

一人も見捨てない教育の実現
挑戦！四国四県からの発信！

文化部活動に焦点を当てた自主的、自発的な部活動改革の第 2 章がスタートします。

【著】長沼豊　他
定価 2,200 円
(本体 2,000 円 + 税 10%)
ISBN978-4-907571-51-1

部活動改革 2.0
文化部活動のあり方を問う

「菊池学級」の原点が凝縮された一冊。12 歳の子どもたちが「挑戦」した日本初の本。

【著】香月小学校 6 年 1 組【監修】菊池省三
定価 3,300 円
(本体 3,000 円 + 税 10%)
ISBN978-4-907571-01-6

小学生が作った　**復刻版**
コミュニケーション大事典

ロングセラー「価値語 100 ハンドブック」がマンガに！菊池道場機関誌に好評連載中！

【著】松下幸市朗　他
定価 1,980 円
(本体 1,800 円 + 税 10%)
ISBN978-4-907571-67-2

ひとり暮らしの小学生　価値語篇

Education & Communication
中村堂

〒104-0043　東京都中央区湊3-11-7　湊92ビル4F
Tel. 03-5244-9939　　Fax. 03-5244-9938
URL http://nakadoh.com

■中村堂の書籍のご購入は、以下のいずれかで
①全国の書店で
②ネット書店 Amazon で　https://www.amazon.co.jp/
③弊社ホームページ内、STORE で　https://nakadoh.stores.jp/

中村堂ホームページ

れた子の気持ちが一番大事なので確認したら、子どもたちは「同じ気持ちで謝ったからいい」と、嬉しそうに言った。私は昼食時、てんちゃんと話をした。「おーちゃんが謝るのを見てどんな気持ちがしたのかな」。通常、私の心に誘導の気配があると、子どもは正直な気持ちを話さない。気持ちを中庸にして聞くと、てんちゃんはこう言った。「かわいそうだと思った」。え、年少児からこんな返答があると思わなかったので驚いた。かわいそうという言葉は、彼の気持ちを100%言い当ててはいないと思う。ただそんな種類の気持ちでおーちゃんを見ていたのは確かだ。逃げられてホッとしたとは思っていない。複雑な感情が流れたということだ。私はここ（子どもはいい人になりたがっている）を信じている。代理謝罪が正しいかはわからない、ただ北風だけでは育たない。自ら服を脱ぎたくなる暖かい太陽が、子どもの群れにある。てんちゃんもいつか必ず自ら服を脱ぐようになる。

謝罪はもちろんできた方がいい。しかし私は単に謝る子を育てたいわけではない。心が引っかかれば、そこで立ち止まり感じ考え、その結果自分の心で謝る子に育ってほしい。幼児期にそこを丁寧に見ていけば、卒園時謝るという初歩的なことができない子はいなくなる。心は揺れて大きくなるのだ。

1-3 森のピッコロ物語

子ども理解

森のようちえんピッコロでは、ピッコロ式保育受講生として４日間連続で保育の勉強をしたい方をお受けしている。先日、受講生の方から質問があった。「ピッコロの保育はご自分で考えられたのですか」と。一瞬答えに迷った。私はどうしてこの保育をしているのだろう。

20代のころ、幼児教育のプロになり一生の仕事にしたいと思っていた。生きる力が育まれる教育方法があるに違いないと模索し、いろいろな研修会に出かけ、何回も転職をし、海外の教育方法も学んだ。ただどこを探しても私が求める教育方法はなかった。そんなとき、本吉まと子さんの「発達理解と保育の方法」という1冊の本に出会い涙が出た。探し求めていたものがあり、その本をバイブルにして私は保育をし始めた。マニュアル的なことは書いてなかったので試行錯誤した。この本には、保育は人間性だという内容が何度も出てくる。保育力を高めるには人間性を高めること。20代の私にはどうしたらそれができるかわからなかったし、今でもわからない。ただ小手先でできる仕事ではないことだけはよくわかった。おののくと同時に、この仕事に挑戦したい気持ちがフツフツと湧いてきた。

幼児教育という仕事はいろいろな要素が必要だと思うが、まずは子ども理解が大事だと思う。私はずっと子どもという存在は何なのかを知りたかった。だが知れば知るほどわからなくなる。先日も帰りの会である子が「謝るのが好き」と言った。え、謝ることが好きってどういうことだろうと聞いてみると、同じように思う子が大勢いた。わけを聞くと、「練習になるから」「謝られた人が嬉しくなるから」「謝ると（相手が）いい顔になるから」などと、それぞれ驚くような理由を言った。そもそも謝るという行為は好きや嫌いということなのか。しかも謝罪が好きってどういうこと。いくら考えても本当のところはわからないと自覚し、同時に尊敬もした。

またこんなこともあった。卒園間近の女子４人とお出かけの際、私が「みんな幸せ？」と聞いたら、「う～ん」と言った。だよね、と思い「どうして幸せなのかな」と聞いた。すると彼女らは「怒られるから～♡」と言ったのだ。冗談だと思って「本当は？」と聞いたら、「怒られるからだよ」と言われた。２回言うということは真実だと思い、よく聞いてみると、怒られるのは嫌だけれど（怒られる行為は好きではないが）私たちは怒られるといい人になれるから怒られたい（怒られた方がいい）という意味で驚愕した。子どもたちは一体どこで生きているのだろう。

また視察にいらした方は「ここの子どもたちは思ったことを話せる」とよくおっしゃる。私は横浜で保育をしていたとき、何を聞いても理由を話してくれないクラスを作ってしまったトラウマがある。多分私の中に答えがあったからだと思う。先日、知人の家族と外食することになった。知人が子どもに「何が食べたい？」と聞く。その子は「カレーライス！」と言うと、知人は「昨日食べたよね」と言った。次「うどん！」と言うと「しぶいな～」と言い（却下）、子どもが「お寿司」と言うと「寿司か～」（これも却下）。それでも子どもは涙ぐましくがんばり「スパゲッティ」と言った。やっと「いいね」と、パスタに決定。これは子どもを尊重したようで大人の顔色を見る子に育つと私は思う(笑)。聞かないか、聞くなら「そばかパスタ」と、どちらもOKな選択肢を出した方がいいと思う。ピッコロで私が子どもに何かを聞くときは、どんな答えが返ってきてもなるほどと受け止めるようにしている。またケンカの仲裁などのときは自分の考えは傍に置き、中庸な気持ちで聞くようにしているが、これは意外と難しい。だからかはわからないが、ピッコロの子どもたちは心の中のことまでもよく話すので、私の子ども理解も進む。子どもをわかり、考え、失敗し、学び、感じながら長い時間をかけて、やはりこの保育は自分で作ってきたものだと今は思う。いやどの保育者もその人なりのやり方や哲学があり、それはどの仕事にも当てはまるのかもしれない。

長年子ども理解をしてきてわかったことは、やはり子どもは正しくて、その子どもを濁った大人が育てているということだ。子どもはできないことも多いが、中身は未熟ではない。むしろ本当のところで生きている。だから大人は子どもに対して謙虚になった方がいいが、それは甘やかすともへり下るとも違う。向き合えば見えてくるのだが、向き合い方はその大人のこれまでの生き方に関係する。深くて怖くて嬉しくて大事な仕事に就いてしまった。

1-4
森のピッコロ物語

白い花

今年もスペインカミーノ巡礼に来ている。昨年帰国後、もう行かないと思っていたが夏近くなるとウズウズしてくる。聖地サンティアゴ・デ・コンポステーラへ行くにはいくつものルートがある。５回目の今年はポルトガルの道を選んだ。１年目のピレネー越えのルートが綺麗だったので、昨年は同じルートを歩いてみた。あ〜ここ来た来た、と懐かしく思いながら歩いたが、何となく違うと感じた。カミー

ノには大まかな地図は持っていくが、あとは所々に書いてある黄色の矢印に従って歩き続ける。その矢印は私を導き助け、私は矢印ごとに感謝と幸せを感じる。それがないとこの旅はできないからだ。ここ来た来た、と思いながらの歩きに神様はいなかった。だから何だかつまらなかったのかもしれない。一人で歩きたいのもそのためだ。

毎年カミーノではいろいろなことが起きる。その日は一人で歌を歌いながら歩いていると、後ろから私を追い越す人がいた。追い越されるときには「ブエンカミーノ（いい巡礼を）」と声をかける。普段はそれだけだが、そのときなぜか私は「どこの国から来たのですか」と、その人に聞いた。彼はドイツ人の青年だった。それをきっかけに話しながら歩くことになった。カミーノに来た理由や職業等英語でいろいろな話をした。私の職業を話すと、偶然彼の次女もドイツの森のようちえんに通っていた。カミーノで森のようちえんのことを話しても知らない人がほとんどだったのでとても驚いた。彼は片手に一輪の花を持ち、片手でパンを食べながら歩いていた。数分歩きパンも食べ終わったころ、彼は大事に持っていた花を私にくれると言う。うわっ！ こんな素敵なことをする人がいるのだ！と、ありがたくいただいた。それはどこにでもある雑草で、小さな白い花がまとまって一つの白い花を作っていた。ただその花だけは中心部の一輪がなぜか濃い赤色で、とても珍しかった。それからどの花を見ても同じ構成の花はなかった。すごい！　珍しい花なのにありがとう！と、ピッコロっ子が花をくれたときと同じく私は耳に挟んだ。するとしばらくして彼が突然ひらめいたように言った。「この花、日本の旗みたいですね！」と。え、白地に赤。本当だ。鳥肌が立ち、二人とも立ち止まってしまった。もちろん彼は白地に赤の花を必死に探しながら歩いていたわけではない。前に歩いている人（私）が見えた。けれど男性か女性かもわからない距離だった。そしてふと道路脇の花を取ったらこの珍しい花だったらしい。彼は敬虔なクリスチャンで、花を取ったのは神様が自分にくれたものだと言った。そしてしばらく私と話していたら、その花をあげたくなったそうだ。これも神様がそうさせたと言った。私も普段絶対に自分からは声をかけないのに話しかけた。結局とても珍しい白地に赤の花は、日本人である私の耳に挟まれた。この一連の、後から考えるとうまくいきすぎな話に私は驚愕した。これにはものすごく意味があるようで、でも何もないかもしれないが、それからずっと気になっていた。日独友好か？もうすぐ広島、長崎の日だしとも思ったが、もっと個人的なことかもしれない。でも間違いなく神様は私に何かを伝えたと思う。彼が分析するには、自分は神に守られていて、神は中島のことも好きだろうと言ってくれた。その言葉を聞いてとても図々しいけれど、やはり神様は私のことは好いてくださっていると私も思う。神様は誰のことも好きだと思う。

カミーノではこのように、何かを通して神様がメッセージをくれることが多い。初年度に泊まった教会の牧師さんが教えてくれた。「カミーノにはあなたに必要なサインがたくさん落ちています。それを感じるのも自由だし、そのサインを拾うのも拾わないのもあなたの自由です」と。私はその言葉が忘れられない。ドイツ人の彼は普段会社に勤めている。日々の生活は忙しすぎてその感覚が鈍ると言っていた。自然の中でリラックスし、心が開いているときに神様のメッセージを受け取れるらしい。私はピッコロで保育をしているが、毎日大きな責任を背負っているので、カミーノのようにリラックスしているわけではない。けれど心を開いて神様からのメッセージは受けたいと思う。それがないと保育はできないと感じるのだ。子どもというのはそれ程神聖で尊い人たちだと思う。私の今までの保育経験はもちろん必要だが、目に見えない力はもっと必要で、その感覚を確認するためにもしかしたら毎年カミーノに来ているのかもしれない。今年は結局 10 日間しか歩けなかった。もしかしてもっと長く歩けばもっと清くなれるのか。そして私はいったいどこに行きたいのだろう（笑）。

1-5
森のピッコロ物語

キノコ

夏休み明け、子どもたちはひと周り大きくなって登園してきた。その初日、腰が抜けるほどのことがあった。しばらくぶりに森に入るとキノコが多数出ていた。食べられるキノコ、色の綺麗なキノコ、よくわからないキノコ、いろいろだった。そのキノコを「年少さんが食べちゃうと大変だから」と、年長男児が蹴りながら登ってくれた。小さい子を思いやる気持ちからの行為だ。しかし多数のキノコの

ほとんどを蹴る行為に私は「これって見ているだけでいいのかな」と感じ始めた。子どもを育てていると、このように少しザワザワする気持ちになることってありませんか。見過ごしていいことなのか、少し大人が入った方がいいのか、ただ大人が入るとその場が変な方向になることもあるのでとても迷った。

とりあえず私は食べられるキノコ（タマゴダケ）を集め始めた。毒キノコだけではないということを彼に伝えようと思った。迷いながら歩き、平らな場所に出ると、突然年長男児りょう君が言った。「キノコ蹴っちゃだめなんだよ」。「えっ、だめなの」と私は言ったが、ここに来るまでの私のザワザワ感と一致したのでとても驚いた。りょう君は「僕はかわいそうだから蹴らなかった」と言った。するとその言葉を聞いた子たちが次々と話し始めたのだ。年長女児みれいちゃんは「蹴らなかったらキノコは大きくなれる」と言った。これはキノコの命のことを想っている。年長女児みーちゃんは「少しお腹が痛くなるかもしれないけれど、キノコは生きられる」と言った。死ぬほどではない場合、多少の痛みを伴ってもキノコの命の方を大事にしたいと聞こえ、母的愛を感じた。年中男児よっちゃんは「もし自分に毒があったとしても蹴られていいの？」と言った。人は誰にでも欠点や良くない気持ちはある。だからといって、いなくなっていい命はない。欠点や良くない気持ちを持ちながら生きていい。これは人権のことだと思った。毒があってもなくても生きていていいのだ。子どもたちはキノコを蹴った彼を責める雰囲気ではなく、淡々と自分の考えを述べた。キノコを蹴ってくれた彼はあっけにとられた顔をしていた。それもそうだ。みんなのためにした行為の裏にそんな価値観があったとは！　しばらくのやりとりの後、その話し合いは終わった。私はみんなのためにキノコを蹴ってくれた彼を責めることは誰にもできないと思ったし、もちろん彼の謝罪を求めているわけでは全くなかった。各自が自分の意見を出し、あとはそれぞれが感じればいい。正解はどこにもないと思ったからだ。それにしても２学期いきなり濃い命の話、勘弁してほしい（笑）。

しばらく遊んでいると、彼が私のところに来て「もう蹴らない」と静かに言った。私は不意打ちだったのでとても驚いたが、「なんで？」と聞いたら、「キノコも命があるから」と言った。それは謝罪というよりみんなのお陰で知ったことを受け入れ、自分で決めたことを私に伝えたという雰囲気だった。するとその会話の側にいたみれいちゃんがこんなことを言ってくれた。「みんなのために蹴ってくれたことはみんなわかっているんだよ、おしい～～！」と。なんて素敵なフォローと、私は驚いた。本当にそうなのだ。

良くも悪くもなく「おしい！」という感じ。妙に納得した。

すると彼女はさらに続けた。「でもキノコの命のことは大人になっても忘れないでね」。完璧すぎ。私はそうそうと、うなずくだけだった。彼を責めず、違う価値観も提案する。しかしそれは命のことだから永遠に忘れないでほしいという希望も伝えたのだった。

子どもたちは一人も彼を責めていない。みんなのためにやってくれたことはわかっているし、ありがたいとも思っている。ただ他の考えもあるということを彼のために伝えたかった。子どもたちはいつも愛情の中にいる。私は彼らがいろいろな価値観の中で、今の自分が感じることを引き受けて、自分で決めて自分を作っていけばいいと思っている。なので大人が教える正解はこの場合はどこにもなかった。ただ彼らはいろいろな価値観に接したとき、決して楽や欲だけを取らない。取るときもあるが、最終的な落下点は人としてどうすればいいか、という深い観点に落ちる。私は子どものそこを信じているのだ。そしてこの会話ができるということに価値があり、これが幼児だということには驚愕している。いや幼児だからできるのかもしれない。子どもたちの世界は完璧すぎるのだ（だからといって大人が子どもの言いなりでは育たないのだが…）。子どもたち、どうぞスロースタートでお願いします。

1-6
森のピッコロ物語

子どもを見る

すっかり秋めいてきて、薪ストーブをたく日が増えてきた。ピッコロでは子どもたち同士が顔を見られるように、丸く座って朝の会をしている。先日の朝の会で年少男児てんちゃんが円の真ん中に立っていた。年長児数名が「見えないから座って」と言ったが、聞こえなかったのか座らなかった。すると年中男児よっちゃんがこう言った。「おーちゃん（年中男児）が言ってみて」と。そしておーちゃん

が座ることを促すと、その子が座った！　すごい。不思議だったので、森でよっちゃんに理由を聞いてみた。中島「どうしておーちゃんに頼んだのかな」。よっちゃんは「てんちゃんはおーちゃんのことが好きだから」と言った。なるほど！　この子たちは誰が誰のことを好きなのかをよくわかっているのだ！　驚いた。

私はおーちゃんは好かれているのだし、自分の言葉でてんちゃんが座ったので、さぞかし嬉しいのではないかと思ったので伝えた。中島「てんちゃんはおーちゃんが好きなのだってね！」。するとおーちゃんは浮かない顔をしていた。あれ？嬉しくないのかなと思ったとき、彼がつぶやいたのだ。「どうして僕に頼んだのだろう」と。私は「だからおーちゃんのことが好きだからじゃない」と繰り返したが、どうもこの会話がかみ合ってないように感じた。子どもは大人が理解してないと感じるがそれを表現しないので、大人は子どもから出ている雰囲気でかみ合わなさを理解しないとならない。私はこの違和感をどうしたらいいかわからなかったので、とりあえず「おーちゃん、今どんな気持ちなの」と聞いてみた。すると彼はこう言ったのだ。「嫌な気持ちがする」と…。

んん！？　嬉しいはずと思っていたので、正反対の気持ちが不意打ちだった。大人の皆様、どうして「嫌な気持ち」

だと思いますか。そして私はこう理解した。よっちゃんに言われて座ってと言ったけれど、指示されてからやったことが不快だった。もしくは指示される前に言いたかったとか。確認してみたら彼はこう言った。「僕じゃなくても座った方がいい」と。翻訳すると「自分（好きな人）が言ったら座る、他の人（好きでない人）が言ったら座らないということは、その子にとって良くない」ということだった。

がーん、そこ！？ 予想しましたか。好きな人からでも嫌いな人からでも、その話の内容だけを検討して生きる人になってほしい。おーちゃんはエゴでも欲でもなく、てんちゃんの成長を願ったところに立っていた。子どもは平気でこんなことをしているのだ。ここでもし私の思い込みで「おーちゃんは嬉しいはず」ということを疑わなかったら、多分彼の浮かない表情には気づかない。そして「人に指示されて言ったから嫌な気持ちがしたんだな」という思い込みも彼の本心を隠す。長年幼児とすごしているが、大人の予想はことごとく外れると思った方がいい。大人は子どものことを思うとき、ものすごく厚く黒い思い込みの枠を必ず持ってしまっている。大人は「もしかして違うかも」という謙虚な立ち位置こそが合っていると私は思う。普通の大人は、５歳児が相手の成長を考えているとは思えないからだ。

先日、在園児のきょうだいで現6年生と話をしたとき、彼女が言っていた。「大人は例えばケンカの理由を聞くとき、軽くしか聞いてくれない。1分くらい聞いてこっちの子が悪いと言うが、30分くらい深く聞いてくれないとわからないのに」と。それで私が「そうだね。大人（私も）は子どもがすごいということを知らないよね」と言ったら、彼女はため息まじりで「うん（ふ〜）」と言った。申し訳ない。私はこれまで、子どもたちがどれだけ大人のことを思っているのかを知る場面に遭遇してきた。無償の愛を持っているのは子どもの方だ。大人は子どもをもっと見た方がいい。見るというのは外見だけでなく、彼らが何を考え、今どんな気持ちかということをもっと想像するということだ。子どもを尊重するということは甘やかすことではなく、0歳児から気持ちがあり、懸命に生きているということを理解することだと思う。すべての大人が本当の子どものすごさに気づいたとき、社会が変わるのかもしれない。

1-7
森のピッコロ物語

ケンカの仲裁

私の長年の保育経験で、ケンカの仲裁はとても難しいと感じている。先日こんなケンカがあった。ピッコロの園庭には大雨の後、川ができる。朝の自由遊びの時、子どもたちはその川で遊んでいた。前日、川にはカエルがいたので、年少児てんちゃんが年中児みと君に言った。「カエルどうしたかな」。みと君は聞こえていたけれど、他の子に「仲間に入れて」と言いたかったので、返答せずそっけなくし

た。その態度に頭にきたてんちゃんは手に持っていた鹿の骨でみと君の腕を叩き、みと君が泣いてしまった、という経緯だった。私がわけを聞くと、てんちゃんは「だってみとが仲間に入れてあげないって言ったから」と言った。ピッコロの保育では“気持ちをわかる”ということを必ずしているので、「それは嫌だったね」と私は言った。ケンカの時には必ず双方の事情を聞くようにしているので、みと君は「(仲間に入れてあげないとは) 言ってない」と言った。てんちゃんは「言った！」、みと君は「言わない！」。しかしこれはケンカでよくあるパターンだ。他の子どもたちも寄ってきて、年長児が言った。「どっちかが嘘を言っているってことだね！」。「本当のことを言わないとだめだよ」。

しかし双方がなかなか引かなかった。私は、事実かどうかは子どもが出している雰囲気で半分くらいを予想して、仲裁を進めるようにしている。嘘を言う場合、表情が変だったり言葉が生きてないと感じるのだ。ただこれは私の勘なので、正確ではなくいつも困る。このときはどちらが真実を言っているのかわからなかったし、どうしても両者が真実のようにも感じた。ただこのまま終わらせるわけにもいかず、仲裁には工夫も努力も時間も忍耐も必要なのだ。こんなときはマニュアルはないのだが、いつも私に自然と何かの方法が降りてくることが多い。このときは「わからないので実際にやってみてよ」と、私は言った。何かが私に言わせていると感じている。二人はケンカが始まった位置に立ち、再現し始めた。するとてんちゃんは「(僕は) ここで仲間に入れてと言った」と言い、次にこう言ったのだ。「みとの口から仲間に入れないって聞こえた」と。

え！なに？私はピンと来た。中島「も、もしかしてみと君は言葉では言ってないけど、てんちゃんにはそう聞こえたということ？」。「うん」。まさかと思い再確認で「耳じゃなくて言葉だけ聞こえたの」と言ったら、ここでも「うん」と言った。ゲーーー、こ、これ、インスピレーションのことですか！！ みと君は言葉では言ってないが、心で仲間に入れてあげないと言い、それをてんちゃんは「聞いた」と表現したのだ！ 非常にものすごくわかりにくい。ただこの仲裁で二人とも顔がスッキリしたので、多分これで合っているのだろう。てんちゃんは鹿の骨で叩いたことを謝った。そしてあんなに怒っていた二人は、再び明るい顔で遊び始めたのだ。この仲裁、以前だったらできなかったと思うが、数年前から私は子どもたちの雰囲気に注意するように心がけている。だから今回はできたと思う。それでなかったらできるわけない。どちらも嘘ではなかったのだから。仲裁が終わり、大きなため息とともに私は朝から力尽きてしまった。ケンカの仲裁は心の声まで聞かないとならないのか！　また一つ越えるべき保育力のハードルが高くなったような気がした。

先日も年長児９名と子ども用の上着（１着）を買いに洋服屋へ行った。全員一致で好みの上着が見つかったのだが、１番前のハンガーにかかった上着をよけ、２番目の上着を買い物カゴに入れ、再び最初にかかっていた上着を売り場に戻した。それを９名が無言でやったのだ。後から聞いたら１枚目はサイズが110㎝で、２枚目が130㎝だったそうだ。年長児は110㎝では小さい。しかし彼らは「110㎝は小さいね」「だから２番目の130㎝にしようね」という会話はしてない。無言で当たり前のように１枚目をよけ２枚目を買った。やはり心で会話をしていたのかと、そう思いここ11年間の保育を振り返ってみると、子どもたちが言葉以外で会話をしていたかもしれない場面がそういえば何度もあった。ということは、私は11年かかって、子どもたちの言葉以外のコミュニケーション方法をやっと理解したということだ。２年前「大人はわかってないが子どもはみんなわかっている」と言った子がいたが、このことだったのか。保育とはどこまで深い仕事で、そして子どもたちはどこで生きているのだろう。大人はどこまで行っても子どもに追いつかないのだと思った。

1-8

森のピッコロ物語

神様のムスメさん

ケンカをすると、言葉が出にくい乳幼児はつい相手を噛むことがある。よくあることだが、でも噛むのは良くない。先日、ケンカで友だちを噛んだ年少男児てんちゃんに、叱った後、森で話をした。彼がどうして噛むのかを知りたかったので、「噛んでいるときの気持ちってどんななの？」と聞いた。するとてんちゃんはしょんぼりしながら、「何にもない」と言った。きっと頭が真っ白になっているのだろ

う。年少児でそのときの自分がわかるのもすごいと思った。彼も友だちを噛みたいと思っているわけではない。早く何とかしてあげたいと私は思っている。噛んではいけない理由はわかっているとは思うが、私より子どもから伝えた方がいいので、傍にいた年長女児みれいちゃんに聞いた。「なんで噛んじゃだめなのだっけ？」。するとみれいちゃんは張り切ってこう言った。「だって歯は硬いでしょ、腕は柔らかいでしょ、だから噛むと痛い」。明確だ。

私もどうしたら彼が噛まなくなるかとじーっと考えていたら、こんなことを言ってしまった。「あれ、前世、犬さんだったのかな」と。言葉が出てから、なんてことを言ったのだろうと撤回したくなったが、傍にいた年少男児ふくちゃんが「ワニじゃない？」とも言った。冗談っぽい場になったが、てんちゃんは過去自分が犬やワニだったのかと真面目に考えているように見えた。すると傍に年中男児そうちゃんが来たので、聞いてみた。「どうしたら噛まなくなると思う？」。彼はこう言った。「ゆっくり噛む」。噛まなくなるにはどうしたらいいのかを聞いたのに噛む方法で少し面食らったが、甘噛みを思い出し、「そうだね、ゆっくり噛めばいいものね」と慌てて言った。子どもはとんでもない方向から変化球を飛ばすので油断ならない（笑）。

そして私はてんちゃんに「お友だちを噛む歯はいらない

から返してもらおうっかな」と言った。すると年少女児なっちゃんとはーちゃんも「そうだね」と言った。言いながらなっちゃんはてんちゃんの背中をなでていた。非難しているのではない。育つように応援しているのだ。

するとなっちゃんが突然言った。「あのね、神様のムスメさんは歯がないの」。えっ、神様の娘さん！？ こんなフレーズは初めて聞いた。私はびっくりして「あ、そうなの」と言った。すると彼女は「だから、てんちゃんの歯を神様のムスメさんに返した方がいいと思う」と続けた。「あ、そうだね」。またもや相槌しか打てなかった。私は彼女の確固とした話しぶりに圧倒され、神様のムスメさんの話は不思議だったのでもっと聞きたかったが、今はてんちゃんの話なので抑えた。するとなっちゃんはさらに言った。「歯は食べるのにあるのに（友だちを）噛んだらだめ」。そして次にこんな意味のことを言ったのだ。「私たちの歯は食べ物を食べ成長するために神様から借りているもので、その目的が果たせない場合は返却した方がいい」と。私はびっくりして腰が抜けそうだった。神様からの借り物！？ しかしなっちゃんは確かにそう言っている。考えてみると私の体は神様から借り、子どもも神様からの預かりものだと思った。なっちゃんのお母さんにこの話をしたら、どこかの絵本に書いてあったのかなと、思い返してみたけれど、すぐに絵本の中の話ではないとわかったそうだ。子どもの中に神性があると感じるが、こんなにハッキリと言葉にされるとおののく。すると間もなくなっちゃんとはーちゃんは「てんちゃんって変なの～！」と言い捨て、あちらへ行った。話に飽きて遊びたくなったのだろうと思ったが、念のため後で聞いたらはーちゃんがこう言った。「あとはてんちゃんが決めることだから」と。なにそれ、年少児がそんなことわかるの！？ 私は子どもに話が入っているか、また入りすぎていないかをとても気をつけて保育している。その日はもう少してんちゃんにこの話が入る必要があると感じ、話を続けた。しかし彼女たちはもう話は終わって良かったと言い、私の判断も違ったと言ったのだ。だいたい子どもは合っている。

参ったな。子どもは無意識で神様のことも話の引き際もわかっているのだ。なんだか毎日保育も子どももわからなくて私は必死なのだが、それにしても今日はいろいろあり過ぎた。いや、例年２学期後半から毎日こんな深い日々が続くのだった。助けてほしい。11年も保育しているのに毎年違うし、レベルアップを要求してくる子どもたちとすごす私、どこまでがんばればいいのだろうか。力不足を感じるが、まぁこれを幸せと呼ぶのだろうな。

私と森のピッコロようちえん

私と森のピッコロようちえん

❶ 森のピッコロようちえんの紹介と運営理念

「はじめに」で、私が運営する「森のピッコロようちえん（以下、ピッコロ）」について簡単に紹介しましたが、ここで改めてもう少し詳しくピッコロについて書きます。

山梨県北杜市に自主運営のピッコロを開園して、2023年度（令和５年度）で17年目になりました。ピッコロは、通常の幼稚園、保育園の教育に疑問をもつ保育士が、自分の子どもを幼稚園、保育園に預けず、自分の手で育てたいという保護者の意向にそって設立した団体です。関わる大人が全員で、子どもたちがよりよく育つ場を創ることを原則として「子どもの創造性、自主性を育む保育」を理念としています。

保育士と保護者による共同運営の体制をつくり、子どもの育ちについて広い視野をもちながら、ピッコロの運営がよりよくなるように活動しています。

メンバーは、私、中島久美子を代表とし、保育スタッフ５人を加えた計６人で保育をしています。

ピッコロでは、「見守り」「待つ」ことを大切にしています。

子どもたちは、１日のほとんどを野外で過ごします。ピッコロは、山・森に囲まれ、小川があり、畑があり、園庭にはたくさんの野草や花が咲きます。眩しい自然の中で、様々な生命に触れ、息吹を感じ、冬の厳しい寒さが子どもたちの身体と心を大きく成長させてくれます。

時間に追われない日々には真の自由があり、ありのままを受け入れてもらうことによって、子どもたちは輝きます。保育者は子どもの感性、想像力、考える力を信じて、口をはさまず見守ります。見守るということはそこに願いがあるということです。こんな子になってほしいという願いのもと、子どもたちを信じ、待っているのです。

泣く、笑う、ケンカをする。大人の規制のないこの森で、子どもたちは喜怒哀楽、４つの感情を平等に出し、心を大きく揺らし、存分に自分の気持ちを感じます。それは心を強く深くしていく源になると考えています。

保育は、私と保育スタッフが行い、運営は保護者と保育者の共同運営で、保護者全員が各係に就いています。素人がようちえんを運営するということは大変なことですが、家庭のこともこなしながら、一つ一つの仕事に丁寧に取り組んでいます。

ピッコロの運営を例えるなら、一つの家にみんなが集まり、子どもたちがよりよく育つよう、仕事や家事を分担するといった感じです。保護者が動くことで成り立つ運営は、ミーティングが続いたり、帰りが遅くなったり、子どもが寝静まってから作業をすることも時にはあります。いわゆる幼稚園、保育園とは保護者の関わり方が全く異なります。

それを支えるのは、子どもたちが生きる力を備えたよい子に育っているという実感であり、ピッコロでみんなと共に子どもを育てていきたいという共通の想いがあるのだと思っています。

そんなピッコロの保育が長く続き、幸せな子どもが増えるようみんなで考え、場をつくっています。そして、毎年新しい保護者が加わり、心を寄せ合って運営し、よりよい形に変化しつつゆっくりと歩んでいます。

② 森のピッコロようちえんを作るまで

私は、埼玉県に生まれ、5歳の時に横浜に引っ越し、32歳までずっと横浜で暮らしました。二人きょうだいで、下に弟がいます。

変な言い方ですが、本当に普通の子でした。父親はサラリーマンで、母親は専業主婦でした。その意味でも普通の家庭でしたが、私にとってはその普通がとても嫌でした。普通に生活することがどんなに大変かということは、大人になってからわかりましたが、子どものころは、そんな生活を物足りないと感じ、若い時はみんなそうなのかもしれませんが、エネルギーが内側からグワーッと湧いて来るような感じの中で毎日を過ごしていました。

中学ではバドミントン、高校ではバレーボールをしていましたが、何かを乗り越えたいという思いで厳しい練習に積極的に参加していました。部活動に限らず、大変なことをどんどんしたいという欲求に満ちていました。

ふり返ってみると、優等生の時期もあったし、そうではない時期もあったように思いますが、絶えず、落ち着かないというか、何かをしていないと気が済まない、とても元気な子どもでした。

心の中がとても自由だったことが、私の子ども時代を支えてくれていたのではないかと思います。私の中には不思議と、何を言っても世間が受け入れてくれるという安心感がありました。「これを言ったらダメかな」と自分をセーブすることもありませんでした。社会というか、人に対して、信頼し安心していたように思います。

高校生の時に、家庭科の時間に学校の隣にあった幼稚園を見学させていただく機会がありました。そこで見た子どもたちの姿に圧倒されたことが保育を志したきっかけです。子どもたちの顔や目が、本当にきれいだと思いました。言葉に表せないほど、子どもたちのもつ純粋さに感動しました。そして、この美しさは何だろう、とも思いました。子どもというものに惹かれたと言えばいいでしょうか。

その体験があって、短大の幼児教育科に入学しようと思ったのですが、親に強く反対されました。親からは、普通の生活をするように言われました。

「普通に結婚して、家庭にいて、普通に子どもを産んで、育てていきなさい」

と言うのです。

そんな反対を押し切って、私は、幼稚園の教諭になりました。ただ親は、

「とりあえず３年くらいやって、いやになったらやめるだろう」

と思っていたようです。

母は、

「夫を支えて生きていくのが、女性として可愛いんだよ」

と言うタイプでしたから、真逆の娘だったと言えます。

私は、体験しないと何もわからないと考えていたので、まず、３年間幼稚園で働きました。その後、退職して、学

校の事務関係の仕事を３年間しました。その段階で、やっぱり自分は保育の仕事の方が面白いなと思いました。

その後、20 年の間に、幼稚園や保育園、合計８園で働きました。途中、一休みしたいなと思った時には派遣社員の登録をして一般企業に勤めたり、アルバイトをしたりしたこともありますが、結局、保育の世界に戻り、その中で転々としていました。短いときは半年、平均して２年間くらい働いては辞めるということを繰り返したのです。

「理想の保育はないかな？ ここもダメだな。どこかにないかな？」

と、海外の保育も視野に入れ、理想の保育を探す果てのない旅で、

「この先生のような保育者になりたい」

と思える人も探し続けていましたが、神様は私には巡り合わせてくれませんでした。

32 歳の時に、現在の山梨県北杜市に引っ越しました。保育を諦めかけていた時で、絵本の出版社に就職しました。東京の世田谷に本社があった出版社で、そこで営業の仕事をするということで採用されました。ところが、北杜市にあるその出版社の社長が運営していた絵本の美術館に配属になったのです。単身で、北杜市に引っ越して、１階の絵本の美術館で仕事をして、その建物の３階を住居として暮

らし始めたのですが、1年くらいでその会社も辞めました。北杜市に来るきっかけをつくってくれたという意味では感謝しています。

そうした人生経験をしながら、私は、自分で考えて、自分で生きていく子を育てたいのに、自分はマニュアルというか、枠のようなものを探していたのだということに気づきました。

だとすれば、文字通り、自分で考えなくてはいけません。

現在の自分の土台となる教育観は、子どもと接する中で一つ一つ自分自身で考え、感じ、積み上げていくものです。

③ 森のピッコロようちえんの始まり

保育園にしても幼稚園にしても、雇われて保育をする限り、いい保育園もいい幼稚園もないし、巡り合うこともないとの思いに至ると、雇われるのではなく、もう自分で園を立ち上げるしかないと思いました。

とは言っても、何をどうすればいいのか全くわかりません。初めは、6畳一間のアパートを借りて、そこに子どもを集めるくらいなら出来るかなと漠然と思い描きました。でも冷静に考えると、園の運営を普通のおばさんが一人でするということはとてもできないことです。

そんな妄想のような段階の話をポロッとある人にしたところ、その方が、一人のお母さんとつないでくださいました。結果的にはその方のお子様がピッコロの最初の園児になりました。そのお母さんは、自分で子どもを育てたいという気持ちを強くもたれていましたが、小学校に入学する前に、集団生活を経験しておくことが必要だから、１日に３、４時間くらい預かってくれるところを探していらっしゃったのです。

その話があった時、どうして私は反射的に、

「いいですよ」

と返事をしたのか覚えていませんが、その子を預かることになりました。

でもすぐに気づきました。集団生活を経験させたいとお母さんは考えているのですから、園児が１人じゃダメだと。

すると、そのお母さんもご自身のネットワークで声をかけてくださり、私も必死に声かけをして集めて、なんとか２年目には８人の子どもが集まりました。

今考えると、先のことを何も考えず、偶然始まったようなものです。

開園直前に、「森のようちえん」という、園舎をもたず、毎日森へ出かけていくスタイルの幼稚園のことも知り、手探りの状態で始めました。

１週間に３回程度、例えば、水、木、金曜日に、場所をお知らせし、そこにお母さまが子どもを連れて集まるという運営方法で始めました。まあ、ジプシーみたいな感じです。スタート段階では、拠点すらありませんでした。

始めてみると、いつも使うバケツを置いておきたいとか、雨が降るとお弁当に雨が入ってしまって子どもたちが可哀そうだとか、いろいろな課題が出てきました。

「森のようちえん」の本場のドイツを視察に行き、そこでは、軒のある園舎はなく、森にコンテナを置いて拠点としていて、マイナス５℃の森で昼寝をしていました。私は、そこまでのサバイバルはできないと思い、やはり屋根のある建物がほしいなと思いました。

そんなタイミンクで、現在のピッコロが使っている建物を、友人から、

「引っ越すから、ここ使う？」

という申し出があり、二つ返事で、今のピッコロがスタートしました。

私が 42 歳の時でした。

❹ ピッコロの現在と今後

ピッコロの日々の様子は、本書に綴っている通りです。

17 年間、経営という視点でみた場合、楽な年は少しもありませんでした。

最初の年の 12 月に今の場所を借りましたが、その時は、火曜日に２人、水曜日に２人、木曜日に５人の園児でスタートしました。

２年目には、毎日登園する人が８人になり、３年目は、20 人でした。

以降も大きな変化はなく、大体そのくらいの人数で、2023 年度は 24 人が通っています。

この運営形態と経済で17年目を迎えているということ自体、我ながらすごいことで有難いと思っています。

理想の教育の姿はこれだ、というのは言葉にしづらいもので、「平和な社会の担い手を育てる」ということ、そして、「自分で考えて、自分で生きていける子どもを育てる」という大きな目標がありますが、ピッコロの保育は、走りながら子どもたちと一緒につくっています。

ピッコロにいた３年間は、その子にとってとても大事な時間だと思いますが、人格形成にはやはり親の影響がとても大きいものですから、どこまでよい保育ができたかということは検証しづらいと思います。

ピッコロでは、卒園児を対象にして年に７回「森の学校」を保護者が主催しています。そこにやってきた15歳の子が、選挙権が与えられるまでまだ３年間あるのに、すでに選挙公報を読んで、自分だったら誰に投票するか考えているという話をしていました。社会の事を他人事にしないでいること、自分たちでよりよい社会を作っていこうと思っていることが伝わって来て、とても嬉しく思いました。

組織に頼らず、自分の技で生きていくということが自分の夢であり目的でしたので、その意味では、夢を実現できたことは嬉しく、有難いことだと思っています。

森のピッコロようちえん

〒 407-0321　山梨県北杜市須玉町上津金 1244

ホームページ　https://mori-piccolo.jp/

2-1
森のピッコロ物語
ランドセル ミーティング

数年前の朝の会での話し合いを思い出す。卒園児Ａちゃんが新品でないランドセルを使用し、クラスの数名から冷やかされた件についてだった。私が「Ａちゃんはどんな気持ちかな」と聞くと、在園児は「そりゃー嫌でしょ」「嫌以外にない」と言った。するとＢちゃんが少々興奮気味ですごいことを言ったのだ。「あのね！悪口を言った子と言われた子は同じ（気持ち）なの！ だから言った子も嫌

な気持になるの！」。心の底から出たその言葉に私は息を飲んだ。以前この子も誰かの悪口を言ったときいい気持ちがしなかったのか、深いことを話していると思った。

すると子どもたちは、私が何も言わないのに次々と話し始めた。「ランドセルを洗えばいい」「洗うと乾かないよ」「乾拭きすればいい」「それでも乾かなかったらタオルを（ランドセルのふたに）つければいい」「それじゃもっと変でまた言われちゃうよ」と、真剣に考えた。困難を乗り越える力とはこういうことではないかと思う。想像力と思考が必要だ。私は子どもたちの今後の人生にやって来るであろう壁を予想してこの話し合いをしているので、自分がＡちゃんだったらどうするかを聞いた。Ｂちゃんは「もう言わないでと言って帰る」。Ｃ君も「悲しくなる」と言った。するとＤちゃんが「見ている人がだめだよと言えば良かった」と言ったのだ。自分がＡちゃんだったらの問いより、Ａちゃんがかわいそうで解決策を考えざるを得なかったのだろう。議題が変わった。Ｃ君も「見ている人が言うのが一番大事」と言った。当人は何も言えない、周りの人がなんとかしろということか。すると子どもたちに周りの子はどう思っていたのかという疑問が湧いた。事情を知った大人がこう言った。「（見ていた子は）かわいそうだと思ったけれど、一緒に悪口を言ってしまった」と。子どもたちは一瞬水を打ったようにシーンとし、E君が言った。「それは一番悪い」。つられる行為は冷やかした本人より悪いと言っているのだ。私は泣きそうだった。流されるということはそれほど悪いこと、自分がないということだ。ここでシーンとする子どもたちにも胸を打った。

そしてほとんどの子は、もし自分が見ていたら「だめだよと言う」と言ったが、Fちゃんだけが小さな声で「言えないかも…」と言った。この子が一番自分事にしているのかと思った。子どもたちは「言った方がいい」と言い、しかし彼女は「黙っているかも」と正論に寄らない。すごい子だ。場面が想像でき、優等生にもならず自分に正直なのだ。「言うことは大事！」「言えないかも」の会話が続く。どうしようかと思っていたらGちゃんが言った。「言いたくてもどうしても言えないときは言わなくてもいいのだよ」。なんて温かい子なのだろう。冷やかしを止めるのは正論だが、できないときもある。どの子も正しく正解はない。そうやって自分で感じ考え、自分の答えを出して生きていってほしいと願った。

自分は今、子どもたちのように「そんなこと言っちゃだめだよ」と言えているのか、言えなくても心を寄せているのか、弱い立場に立って解決しようとしているのか、そんなことをボウッと考えながら、年末私は沖縄辺野古で戦争につながる基地の建設遅延希望のため、キャンプシュワブゲート前で座りこんでいた。機動隊が私を抱え撤去するのに30秒ほどかかり、それが基地建設を遅延させる。私は2015年、800㎞のスペイン巡礼を完歩したが、それは50㎝の私の小さな歩幅がなければできない。だからこの30秒がどんなに大事かはよくわかる。実際この座り込みで完成予定が延びている。

あのとき子どもたちはつられるのが一番悪いと言った。つられるというのは自分で考えず、本質を見ずに流されるということだ。ガーン、私はいくらでもやっている…(涙)。それに気づいたときは反省し、自分にバツをつけずに次をやればいい。落ち込んでいる暇もない。

今年私は穏やかなお正月を迎えたが、これは沖縄の犠牲の上にあるのだと感じた。子どもたちには自分だけが幸せということに気持ち悪さを感じる子に育ってほしい。誰かの犠牲の上の本当の幸せはないのだから。

2-2
森のピッコロ物語

おじさんが笑った

先日、雨で路面が凍結した日があった。朝の会では円形に座り、子どもたちがそれぞれ自分で考えたニュースを発表する時間がある。その日は数名の子どもたちが路面凍結についての話をした。「ピッコロに来るとき２台がぶつかってた」「車が横（横転）になっていた」という話の後、年長男児はったんがこう言った。「車の前が溝（水路）に落ちてたんだよ」と。私は「滑って落ちちゃったのね」と、

その言葉を受け止めた。すると次に彼が言った。「おじさん（運転手）は笑ってたんだよ！」。

運転手さんはおそらく照れ隠しで笑ったのだろうと思い、「そうか、笑っていたのだね」と言ったら、はったんの顔も子どもたちの雰囲気もなんだか違う。シーンと、言葉で表せない気が流れた。私は保育で雰囲気を大事にしているので、これは流せないと直感したが、子どもたちの真意がわからない。困ったが、流さないだけの言葉として「はったんはそのときどんな気持ちだったの」と聞いた。すると彼は「変だと思った！」と言ったが、その言葉にものすごく力があり、正面に座った彼から、ナイフが飛んできたような衝撃が私に当たった。この感じはただ事ではないがまだわからない。凍結で車が水路に落ちてしまったことを照れ隠しで笑ったことは、そんなに悪いことなのか。

私が子どもたちに質問するとき、子どもの気持ちを知る目的や子どもに何かを考えてほしい目的などいろいろあるのだが、このときは純粋にわからなかったので「あのさ、なんで笑っちゃだめなのだっけ？」と、正直に聞いた。すると年長女児みれいちゃんが少々興奮気味で顔を赤らめて言ったのだ。「それは！死んじゃった人を見て笑っちゃうのと同じことだよ！！」。えっ！それと同じ！？　２本目のナイフが飛んできたようだった。子どもたちは全員「そうそう」という顔をしている。「なんで？」と聞くと、みれいちゃんが言った。「だって！笑ったその気持ちはどんどん広がっちゃうんだよ。そしてみんながどろぼう（悪い心の人の例え）になっちゃうの！」。他の子どもたちも再度うなずいている。ゲーーーーと思った瞬間にハッとした。彼らは大人の黒さを言っているのか。なんでそこで笑うの？と思うところで大人は平気で笑う。水路に落ちたときは困ったり悲しんだりするときで、そこを笑うのは心をごまかすこと。大人は無数の言い訳を持ち、それを平然と図々しく開き直って公表する。その汚い感じが子どもにはハッキリ見えるのだ。最初は小さかった歪みや油断が徐々に大きくなり、ダラダラした今の社会問題になっている。だからそれが悪いと言ったのだ。私は息ができなかった。たぶん子どもたちは正しい。そういえば子どものころ、大人の暗いドロッとした気が見えたことが確かにあったと思い出した。

国会答弁もかなり黒いが、大人になりずるさも汚さも曖昧さもすべて身につけ開き直っている自分にもムカついた。子どもたちの心にどうしたら近づけるのかを、11年前ピッコロの仕事を始めてからずっと試しているが、かなりハードルが高い。一人ひとりの大人が、子どもを通して自分の汚さに気づけば、社会が平和になり、子どももそれを願っている。大人は自分の気持ちを見るしかないと思った。

私はその日から何日も、笑ったおじさんのことが頭から離れない。自分の理解は合っていたのか。彼らは中島の限界を感じて、適当なところで合わせてくれたのではないか。あの恐ろしいくらいの彼らの一致した雰囲気はなんだったのだろう。数年前、子どもたちと心が見えるかという話をしたとき、ある子が言った。「子どもたちは全員それぞれの気持ちは見えているけれど大人は見えてない」と。そういえば初年度から何も話し合っていないのに、子どもたちの行動が同じことが何度もあったことを思い返した。私はベテランだが古い、彼らは小さいが新しい。古い私に新しい彼らを理解するのはとても困難だ。たぶん今回も、そしていつも彼らは、中島の理解の浅さを非難せずに許している。死んだ人を笑う程の黒さを真に理解できない私が子どもの前にいるということを、私は深く心に刻みたい。

2-3
森のピッコロ物語

大和神社

毎年３学期の締めくくりに、年長児だけで近所の大和神社へ行く。仕上げの時期、もう何も言うことがない。車が来ると「車来たよ～」と声をかけ合い、全員が道路の端によける。その日は強風だったが、あおられてフラッと落ちそうな所には近づかない。飛び降りて遊べる場所では「首が締まるから」と水筒を下ろして遊び、しばらく遊んだら「もう行こう」と誰かが言い、自然に歩き出す。だからといっ

て緊張することもなく至って自由。大人の指示がない完璧な集団なのだ。

大和神社でお参りをした。ピッコロっ子だけしかいない。賽銭を投げ、子どもも私も手を合わせた。私は普通に神様と話し、目を開けたら年長児は全員祈り終わっていた。今年の子は早いなと思っていたら「先生遅かったね〜！」と、子どもたちが言った。そして「(中島が) なんてお祈りしたか知ってるよ！」と言う。「え、なに？」と聞いたら、「僕たちがいい子になりますように、でしょ！！」と大きな声で言い、周りの子どもたちも嬉しそうにうなずいてる。そして次に中島がどう返答するかを、全員が笑いながら注目しているのを感じた。私が「なんでわかったの！」と明るく言ったら、彼らの嬉しい思いと合致し、彼らはまた輝く。この瞬間に彼らの根っこも少し太くなるような気がするのだ。そして私は泣きそうだった。彼らは中島が個人的な祈りでなく、子どもたちのことを祈っていると確信していた(実際そうだったが)。これは大人や社会を信じているということだ。親でもない大人をここまで信じられるのは、彼らがここで保護者も含めどの大人にも愛され、向き合い続けられてきたからだと思う。以前、年長児に自分の両親は自分のことをかわいがっているかと質問したら、全員「当たり前でしょ〜！」と言った。幸せな子どもたちだ。この先、生きていれば信じられない大人に出会うかもしれない。しかし基盤が信じるところにあれば、それも越えていけると私は思う。言葉では教えられない太い根っこが育った証拠で、彼らの顔はまぶしかった。この姿を見るために、私は３年間懸命に保育し続けてきたのだ。

大和神社から出ると小さな森に入った。するとすぐ「鏡が落ちてる！」と、彼らは割れた鏡を見つけた。私は子どもたちと接するとき、なるべくポジティブな場を作りたいので、割れた鏡を大人が捨てたという想定にはしたくなかった。なので「あ～よかった！ ピッコロには鏡がないからね～」と、割れてない想定で軽く返答した。素手の子は鏡を木で集め、手袋をしているりょう君が手のひらに乗せていく。この分業も完璧だ。すると拾いながら子どもたちが「先生さっき、よかったって言ったよね」と言った。そして「だめだよ。（この鏡を）探している人がいたらどうするの」と私に言った。「その人に言わないで取るってだめだよ」。拾ったものをもらうのは泥棒だということだ。私はここに引っかかり自分で判断し、悪いことは悪いと言う彼らを誇りに思い、「そうだね、ごめんごめん」と言った。大人は完璧ではない。いや間違いだらけだ。変なプライドを捨て間違いを認め、大人自身が前を向く。その姿を子どもは見ていると思う。そして最後にみれいちゃんが言った。

「確かにピッコロには鏡はないけどね」。私が鏡を持ち帰りたい気持ちもわかるということだ。強くてやさしい。子どもに怒られながら、私は嬉しくて仕方がなかった。最近生きてて良かったと思うのは、このように子どもたちが私を超えた瞬間なのだ。

彼らは続けた。「この上を（車が）走ったらパンクするよ」。「もう（運転手は自宅に）帰れないよ」。「お腹もすいちゃうんだよ」。「バイクもパンクする」。「バイクは代わりのタイヤがないから大変なんだよ」。「自転車もパンクする」…。割れた鏡による想像は果てしなく続く。そして見知らぬ誰かのために、１mm程の破片までも長時間懸命に拾い続けた。思いやりは想像力だと思う。彼らはすでに自分や自分の知っている人のためだけに生きてない。自分も他人も同じように自由に生きられることを目指し、社会性が育っているのだ。最近、毎日国会で自分のことしか考えてなさそうな大人を見ている。ピッコロっ子とのギャップに悩むが、あの大人も子どものころはピッコロっ子と同じ心だったに違いない。そうでなくなったのは多分みんな（私も）が作った社会のせいだ。申し訳ないとも思う。ピッコロっ子がすでに自分と社会を見ているように、大人も早く「自分だけ」と「他人事」をやめないと。それは一人ひとりが自分で心を整えることかもしれない。

2-4
森のピッコロ物語

やったことないから

４月に新しい学年がスタートし、子どもたちは喜びに満ちている。森のようちえんピッコロのクラス名は、年長児パイナップル組、年中児うさぎ組、年少児おばけ組と１期生が決めた。登園第１日目は園庭で入園式のリハーサルだった。式に在園児紹介があり、在園児は前に出る。「うさぎ組さーん」と呼ぶと新年中児は嬉しそうに前に出たが、年中女児すももちゃんだけが出ない。聞くと自分はおばけ

組だと言う。そういえば数年前、年中組に進級したのに「自分はおばけ組」と言う男児がいた。彼は数ヵ月後「もううさぎ組」と言い出した。年中児らしくなったと自分で判断し、自分で進級を決めたのだ。彼が「まだおばけ組」と言っているとき、たぶん大人は「進級の意味がわかってない」と勝手に判断し、「あのね、おばけ組は終わって今日からうさぎ組になったのよ！」と説明するだろう。彼は進級の意味はわかっている。子どもはそこで生きているので、今年度のすももちゃんも何か考えがあると私は感じた。

すももちゃんは「おばけさーん！」と呼ぶと前に出てきた。しかし途中で石につまずき、転んで泣いてしまった。膝を石にぶつけ痛そうだった。すると年長組に進級した男子５人がとても張り切って転んだ現場に集まり、すももちゃんに「大丈夫？」「どこが痛い？」と介抱している。つい最近まで周りで見ていた彼らのあまりにもの変わり様が微笑ましく、喜びで満ちている。そしてすももちゃんが大丈夫になっても、彼らは終わりにしなかった。なんとつまずいた石を撤去し始めたのだ。懸命に石を掘り終わると、今度はその穴が大きいので、またつまずくかもしれないと穴を埋め始めた。想像力があるのだ。と同時に、その横にあったさらに大きな石も撤去するチームと二手に分かれた。もう１つの石はすぐには掘れない。彼らは素手で石と土の間を掘っている。あまり進まず、棒で掘り出す。棒でも進まず、棒を石で叩き原始人のように工夫する。私は相当深そうなので金属のシャベルやスコップを使った方がいいと感じたが、もちろんそれは伝えない。すると年長男児しょうりゅう君が「わかった！」と、おままごと置き場へ走った。私は金属のシャベルを持ってくると予想し、よっしゃ！と思っていたら、持ってきたのはザルだった。あれ、と思ったら１番目の穴を埋めるのに、土を細かくした方がいいとのこと。子どもは予想外でいつも面白い。土はザルで濾されて、穴を埋めた。２つ目の石の撤去作業は長引いた。私はその石がどのくらい深く埋まっているかを確かめるため触ったら、ビクともしなかった。「あれれ、これはできない感じだね～」と、私は言った。彼らは私の言葉に左右されない確信があるからこの言葉が言えるのだ。すると年長男児おーちゃんが「あきらめない！」と張り切った。そうだよね、このくらいはやり切るよねと思っていたら、年長男児そうちゃんが静かに「やったことないから…」と言った。え、だからあきらめるのかと一瞬思ったが、続きの言葉は「やった方がいい」だった。【やったことないから、やった方がいい】おぉ、なんてしびれる言葉！　彼ら５人は大人たちの感動をよそに、あきらめる選択肢は全くないかのように掘り続けた。「やったことないからやらない」

のか「やったことないからやる」のか、人生は何かを選択しながら生きることだと思うが、もしこの子たちが「やったことないからやる」ということを当たり前の価値観として今後生きたら、少し楽に生きられるのではないか。もちろん自分で決めたなら、やらない選択でも何でもいいと思う。

またこの出来事は、入園式リハーサルの途中で起こった。リハーサルがこんなに長時間中断されていいのかと思う。ただ「はい、今はリハーサル中ですから」と、場を流すのもどうかと思う。彼らは、転んだすももちゃんがかわいそうで集まり、次に誰かが転ばないように環境を整備している。これを流すということは、すももちゃんに対する思いやりを無視し、問題を自分たちで解決する力を育むことより、リハーサルの方を大事にするということだ。私は何を育てたいのかと思うと、やはり中断するしかなくなる。

ちなみに２つ目の深い石は、年中児ふくちゃんが体重をかけて引っ張ったらホロっと転げた。すると遠くにいたすももちゃんが近づき静かに言った。「ありがとう」。大人は何も介入することがなかった。４月から完璧でどうしよう。新しい学年がいよいよスタートする。

2-5
森のピッコロ物語

まさかの年少児

4月、ピッコロからおいしい学校という施設まで1.7km歩いた。子どもたちにとっては長い道のりで、途中で水分補給とおやつも食べる。この日のおやつは飴だった。配る役は立候補の年長男児の２人(よっちゃん、おーちゃん)だ。「食べたい人座って～」と言うと、年少児までが草の上にしゃがむ。配り終わると「もらってない人、手あげて～」と漏れを確認。さすがだ。すると４個余った。私はここで

初めて口を挟む。「どうしようか」。その学年によって解決案は面白いほど変わる。ジャンケンで決める、にらめっこ、持ち帰る、ほしい人が次々に遠慮し最終的に４人が残るという決め方もあった。今回は、１つは海岸寺の和尚さんへ差し上げる、残りはジャンケンで決めるということだった。ピッコロの土地は和尚さんにお借りしているので、子どもたちは感謝している。すると年長児が言った。「和尚さんに持って行く人、手あげて～」。実際に誰が和尚さんに渡しに行くかということだ。すると一瞬シーンとしたが次の瞬間、年少児のかず君が静かに手をあげた。私は「あ！かず君！」と、つい手をあげてしまったかわいさにクスッと笑ってしまった。立候補したからには年少児でも意志を汲み、年長児はかず君に和尚さんへの飴を託した。

　さ、あとは残りの３つのジャンケンだ。私はいつもジャンケンに参加する。ジャンケンがどのように行われ、どんな育ちがそこにあるかを確かめたいし、傍観でもわかるがそれは子どもに失礼な感じがする。「最初はグー！ジャンケンポン！」。十数人が同時にするので決まるわけがなく、何度も繰り返す。思わず「２人組でジャンケンしたら？」と口を挟みたくなるが、そこはがんばって言わない。しかも保育姿勢としては「いつまで続けるの～」という倦怠的な気持ちでなく、毎回「今度こそ勝ってやる！」と本気で参加した方がいいので少し疲れるし、大変な仕事を選んでしまったとも思う。が、不思議なことにジャンケンに決着がつくときがいつも来るのだ。チョキが３人、あとは全員パー、決まった。年中男児ふくちゃんと保育スタッフ真奈美さんと私が勝った。大人が２人も勝ち、子どもに食べさせてあげたいと調整すると場が嘘になるのでやめる。勝った人は喜んだ。すると負けた年少男児たいちゃんがとても残念そうな顔をした。「負けちゃったね、大丈夫？」と私が言うが、もちろん顔は晴れない。その様子を見た年長男児よっちゃんが「じゃ勝った人もう一回ジャンケンして」と言った。まさかと思ったが、そこは任せるときなので再び勝者３名がジャンケンをし、真奈美さんが負けた。よっちゃんは「じゃ真奈美さんのをたいちゃんにあげて」と言い、真奈美さんは飴を渡した。げ～、そうなるのか！　公平でないのでどうしようかと思ったが、今の時点では仕方ない。新しい集団のリーダーとして場を創れたという実感の方が、今のよっちゃんには大切だ。この件は放置するのではなく、卒園するまでにいつか保育しようと私の宿題にした。するとたいちゃんは飴を食べずに、微妙な顔で一緒にいたママにあげると言ったのだ。３人兄弟の末っ子で、家庭では少しでも多く食べたいという面もあるのでお母様はとても驚き、つぶやいた。「自分で食べないんだ」。

それを聞き大人はひっくり返った。 彼は正規の方法でなく飴をもらったことを喜んでない。見ればわかる。まさかと思ったので、私は何度も「たいちゃん食べていいんだよ」と言ったが、彼は食べなかった。お母様はそのときの我が子に「ずるをしたくない」というまっすぐな気持ちが見えた気がしたとおっしゃったし、私もそう感じた。ありえないと思うが事実だ。子どもはズルでももらえれば喜んで食べると思っている大人の皆様（私も）は思い違いだ。そういうときもあるがすべてではなく、自分がずるかったとわかり戸惑っている３歳児も大勢いるのだ。

しかも和尚さんへの飴を預かった年少男児かず君も間違えて手をあげたのではなかった。お母様が保育後、わざわざ海岸寺の和尚さんに１つの飴を渡しに行ってくださり、すべてが終わったとき、かず君がこう言った。「おーちゃんとよっちゃんに言わないと」と。託された年長児に使命を果たしたことを報告しなければということだ。承知して引き受けたのだ。ガーン。私はつい挙手してしまったと思い、クスッと笑ったことをとても申し訳ないと思った。

大人が本気で子どもを見れば社会が変わる。見るというのは子どもの見えてないもの（心や気配や雰囲気）も見るということだ。目に見えるものに価値を置く社会と見えないものに価値を置く社会、自分はどちらにいるのだろう。

2-6
森のピッコロ物語

森の学校での話し合い

年に８回程行っている「森の学校」が今年で７年目になる。ピッコロ卒園の小学生たちがすごせる、学校ではない居場所を…という思いで、卒園保護者が立ち上げた森の学校では、子どもたちが自主的に小屋づくりや料理などに取り組み、大人はほとんど口出しすることがない。いわば小学生版森のようちえんピッコロだ。

朝の会はピッコロ同様円形に座り、発表の題は私が決める。その日は「ピッコロ付近の伐採中の森を見て思うこと」にした。子どもたちは席順や学年順に発表したいと言うが、私はガンとして「言いたい順で」と返答する。自分のボタンを自分で押すには、大人が順番を決めないことだ。子どもたちは自分のタイミングでポツリポツリと発表し始めた。が、この話し合いがすごかった。最初子どもたちは「木がかわいそう」「木は人間だけのものではないから切らない方がいい」と言った。私は木の命を思う彼らに同意しながら「でもさ、教科書も木からできてるでしょ」と言った。ただのかわいそうは誰でも思う。その感情を持ちながら、生活に根ざして生きていくにはどうしたらいいかという提案だった。すると彼らは「リサイクルする」「ノートを土に捨てる」「バクテリアが食べてくれる」と言った。すると「バクテリアが食べない成分も（紙には）入っている」「ツルツルの紙はだめ」と続く。土壌の役割を理解しているのだ。すると３年生が「じゃ、ノートを書いたら全部消しゴムで消してまた使う」と、精一杯考えた意見を言った。６年生が「せっかく勉強したのが消えちゃうのか～」とつぶやいた。否定はしない。次に根はまだ生きているから大丈夫かと誰かが言った。すると「葉っぱで栄養ができるので」と、光合成の話にもなる。低学年はアワアワし、こっそり「難しいことだね」とつぶやいたりしている。子どもたちは伐採の理由も気になっていたので、私は「木を売るためらしいよ」と言った。すると子どもたちは一瞬シーンとし「木をお金に変えちゃだめ、はえているから」と言った。自然の恵みを個人の収益にするのは良くないということらしい。いろいろな感情と現実が考える力を深めるので、私はそれで生計をたてている人もいることを伝えた。すると３年生が「人間は一番下なのに木を自分のものだと思っている！」と、少々強い口調で言った。人は最後に進化した生き物だから、もっと謙虚にしろということだ。すると上級生が鋭いことを言った。「木を大事にする大人とそうでない大人がいる」と。３年生が「地球の 1/3 は木を大事にする」とも言った。大人の世界を完全に見ていて、生きている範囲で割合も想像している。案外この割合は合っているのかもしれない。私は聞いた。「木を大事にする大人とそうでない大人はどこが違うのかな」。すると彼らはすごいスピードでこう言った。「自分のことだけ」「自己中！」「考えてない」「お金のことだけ」。ゲ！大人は反省しきりだった。また「神代桜（観光地）だけ大事にする」と言う子もいた。命を差別している。どの木の命も等しいはずなのだ。私は彼らの話し合いがあまりにもすごいので感動し「あなたたちが（将来）国会に行ってほしいわ」と、現国会への嘆きとともに思わずつぶやいた。すると低学年の「国会って？」という質問に、高学年が「偉い人が国のことを決めるところ」と言った。すると３年生が「そんなに偉くない」と補足。４年生が「偉い人と私たちの考えが違う」と言った。政治家が市民を見てないということだ。そして４年生女子が「もし私が偉い人になったら、社会をちょっと変えられるかも」とつぶやき、私はものすごく驚いた。そこまで社会のことを自分事で考えているのだ。

いやいやこの日は書ききれない程長く話をした。誰かが話し終わると誰かが話し始め、かぶるとどちらかが黙り、全体的には静かだが､彼らの頭と心はグルグル動いていた。そこに正解はなく、話は予想外に広がり、彼らは自分の意見を言い、考えが浅はかだったと気づけば、自分を否定せずに自分で考えを更新しまた話す｡誰の意見も否定されず、意見を言わなくてもいい。時間があればもっと（｢切らないでくださいの看板を作る」などの解決策までも）話し合えたと思う。

帰宅後、１年生は「学校でノートするとき先生が１行あけてと言うのは意味がない」と言ったり､｢難しい話だった～」と興奮気味に父親に報告した３年生がいたり、光合成や太陽光などの単語がわからず学習意欲がわく子がいたりと、その子なりの受け取り方をした。こんなすごい話し合いが小学生にできるのだ！　大人は腰が抜けて１週間経っても余韻が抜けなかった。これはまさしく文科省が言う【対話を通じて他者の考え方を吟味し取り込み、自分の考え方の適用範囲を広げることを通じて、人間性を豊かなものへと育むことが極めて重要である】のこれではないか。本当の本当にすごかった。未来は明るい。長い間この仕事をしてきて本当に良かったとジンワリした。

2-7
森のピッコロ物語

お泊まり保育

６月末に年長児のみがピッコロでお泊まり保育をした。今年の年長児は男子が５人だけ。男子校のお泊まりもなかなか面白かった。毎年夜は、いつも遊んでいる森に行ってみる。途中持っている懐中電灯をすべて消し、闇を体験する。そんな活動だが、これが思わぬ育ちを生む。

森には神様と呼んでいる大きな岩がある。そこまで行けるか行けないかが、なぜか毎年子どもたちの話題になっている。行ける学年や途中で帰る学年もあり、到達することが目的でなくそれぞれでいいと私は思っている。今年の人たちもとても怖かったが、がんばって神様の石の少し手前まで登った。そこで石に懐中電灯を照らしたら「神様の目がない」と言う子がいた。一斉に恐怖がまとう。昼間は閉じているのに、今は目が開いていると感じた子もいた。もう限界だ。４人は帰りたい。しょうりゅう君だけは「せっかく来たからもっと行ってみたい」と言う。少し話し合ってしょうりゅう君が譲り、４人は安堵で森を下り始めた。すると途中でしょうりゅう君が言った。「いいな～、前のパイン（年長）は上まで行けて」と。これは流してはいけないと思い、私は場を止めた。「あれ、本当は神様の石まで行きたいの？」と聞いたら彼はうなずいた。私はそれをみんなに言うと、他の４人は帰りたいと言う。「おしっこチビってるから」と言う子もいた。するとるい君が「しょうりゅうは行きたくて他の人は行きたくないでしょ。気持ちが分かれたときは話すしかない」と言い、話し合いが始まった。

話し合いが進むと、しょうりゅう君は行きたいと泣き始めた。そんなに行きたいのなら、なぜ先ほど譲ったのだろうと思い彼に聞いたら「パイン（年長）だから我慢しないと」と言った。義務感で譲ったということだ。それを聞いたるい君がすごかった。「しょうりゅうの気持ちが出て行っちゃうよ。嫌なのにいいよって言う大人になっちゃうよ。女の子にも嫌われる」と。義務感で譲るのはダメで、心が身体から出て行っちゃうそうだ。さぞかし怖いだろうに、友がいい大人になれないのは困るとこの話をした彼に、私はジーンとした。すると帰りたい組が「じゃ、神様の石で一瞬遊んだら帰る」「また登ってもいいよ」と、次々と意を決して譲り始めた。チビる程怖い彼らを変えたのは、自分の怖さよりも大事なものがあると判断したからに違いない。　４人中３人が再び上に登る決意をしたら、しょうりゅう君が言った。「（３人が譲ってくれたから）半分楽しくなってきた」と。そしてもう神様の石には行かなくてもいいとまで言い、あんなに泣いていたのに私はびっくりした。しょうりゅう君はみんなが怖さより自分を想ってくれたことがわかったのだ。人の気持ちがわかる子は尊い。

ピッコロっ子は不思議なことに、年長児になると我慢や自己犠牲でなく、納得して譲るということができるようになる。物の取り合いでも「あ、僕サンタさんにお願いするからいいや」と、実に軽やかに譲るのだ。自分さえ我慢すればこの場が収まると無理に譲るのとは全く違い、その子は軽やかでキレイに見える。しょうりゅう君にまた義務感や自己犠牲があると意味がないので私が確認すると、彼はこう言った。「その気持ちは飛んでった。自分でできないから鬼の魔法で心を変えてもらった」と。するとるい君が「やさしい気持ちを入れて悪い気持ちを飛ばしちゃったの？」と言った。一体子どもたちは心の中で何をしているのだろう。この話がわかるのだ。そう言ったしょうりゅう君は軽やかでキレイで、自己犠牲でなく気持ちを変えることができたのだ。彼は我慢はダメだとわかり、軽やかに気持ちを変える方法があることも知り、でも今の自分にはできないことも知り、だから鬼に頼んだのだが、それは結局自分がやったということだ。子どもは心の話が得意なのではないかと最近思い、心からの敬意を表する。

彼らは生きるのに大事なことを森で獲得し部屋に戻った。お泊まり保育の終わりの会で感想を発表したが、しょうりゅう君はこう言った。「ちょっと森が楽しかった」と。私はびっくりして「何が楽しかったの」と聞いたら「先生と話したから」と言った。子どもの楽しいは大人が思う楽しいと違う場合がある。この場合もルンルン楽しいのとは違うが、この森での話し合いが充実していたということだと私は思う。子どもは本当にいい大人になりたいのだ。

民主主義は誰かが我慢することではない。みんなが納得する方法を模索するのは大変だし面倒くさい。ただ子どもたちはエゴでも自己犠牲でもなく、愛情と向上心でそれをやっている。誰かの犠牲の上に本当の幸せはないのだから。

2-8

森のピッコロ物語

子どもにとってのいい社会とは

森のようちえんピッコロは１ヵ月間の夏休みに入っている。私は毎夏に３週間ほど１人でスペイン巡礼(カミーノ)の旅に出かける。６回目の今年も世界各地の人と出会えた。歩いて食べて寝る、その繰り返しの毎日だが、そこに幸せがある。私は出会った人に「夏休みはどのくらいあるのですか」と聞くことが多い。「５週間」「１ヵ月」「２ヵ月」と答えはさまざまだ。すると聞き返される。私はほとんど

の日本人は１週間くらいかな、と答えると目を丸くされる。「１ヵ月じゃなくて？」と、私の英語が怪しいのでよく確認される。昨年は「それでどうして仕事をしているのか」と聞き返された。いやそれなりに仕事にやりがいもあったりして…と言いたかったが、その英語は難しかった。

聖地サンティアゴ・デ・コンポステーラへ続く道はいくつもある。メジャーな道（フランス人の道）は多くの人が歩いているが、今年の道（北の道）に人は少ない。なのに別の場所で３人の日本人に会い驚いた。久しぶりに日本語を話せるのはとても新鮮だった。１人は早期退職された方、あとの２人の若者は会社を辞めてきたと言う。日本人が長期間の旅をするには余程仕事を調整できるか、退職するという覚悟を持たないとできない。２人とも「帰国したら仕事探します」とおっしゃっていた。日本にいるとそれが普通だが、スペインにいるととても不自由に感じる。

2009年に内閣府の幼児教育研修で15日間ドイツ訪問をしたとき、２泊がホームスティだった。その家は会社員のご主人と保育士の奥さん、そして高校生の娘さん２人の４人家族だった。壁には毎年の長期家族旅行の写真が所狭しと飾ってあり、来年は南米へ行くと12月から夏の計画で持ちきりだった。

昨年イエナプランという教育方法の視察に行ったオラン

ダでは、ワークシェアリングで週３～４日だけ働くという選択ができた。子どもが小さいうちは夫婦とも週４日の勤務で、夕方には家族揃って夕食を食べる家庭が多かった。

　私はピッコロを始める前から、家族もプライベートも仕事も大事にできるヨーロッパの人たちの生き方に憧れていた。夏休みは５日間で十分という日本の方もいると思うが、そうでない人もいる。自分で選んで責任も自分で取るという社会にするには、できる人からやった方がいい。だからピッコロの夏休みは1ヵ月間取った。ただこれには非常に勇気が必要だった。日本の社会からは少し外れているし、預けて働く方向に向かっている子育て事情からも程遠い。これで果たして入園者はいるのだろうか。ただ毎日両親と夕食を食べられ、やろうと思えばいくらでも長旅ができる自由のある社会の方が子どもは幸せだと思い、理想と覚悟で決めた形だが12年間よく続いていると思う。

　ついでに言うと、勇気が必要だった決め事はピッコロにはたくさんある。11時間開所が普通という世の中で、降園時間が14:15ということもその1つだ。私は以前保育園の乳児担任だったとき、0歳児の女の子は朝7:30から保育園に来て18:30まで延長保育で、11時間も保育園にいた。そのほとんどの時間、私は彼女と一緒にいた。お母様がお迎えに来ても帰って寝るだけの生活だったが、彼女はこんなに長時間一緒にいる私よりお母様の方が圧倒的に大好きだった。当たり前だしそうでないと困るのだが、3歳児でも早く迎えに来てくれたよそのお母さんをどんなにうらやましそうに見ていたことか。預けて働くことをどうこう言っているわけではない。ただ子どもはお母さんが大好きで、保育園で楽しそうに遊んでいても、中には早くお母さんと一緒にいたいと思っている子は大勢いるのではないかと感じた。だからピッコロはこの時間にした。

世の中は教育業界でさえもサービス業に近くなっている。私は保護者はお客さんではないと思っている。目の前の子を一緒に一生懸命育てる同志のようなもので、彼らは片手間で育てられるほど甘い存在ではないとも思う。

私の住んでいる北杜市には第2子以降は保育料無料という制度があり、また国では幼児教育無償化の動きもある。子どもは小さいが大人に忖度して本心を言わないことが多いので、大人（私も）にとっては嬉しいことでも子どもにとってはどうなのだろうと、両者の立場から本気で考えたいといつも思う。延長保育、病児保育も同じだ。高熱で親に置いていかれる子どもはどんなに心細いことか、しかし仕事は休めない。それを子どもが我慢するのではなく、いい意味での働き方改革ができる社会に早くしたい。そして私はできるだけ子どもの代弁者でいたいのだ。

対談

「違う」って、かっこいい!!

中島久美子

×

菊池省三

対談 「違う」って、かっこいい!!

中島久美子 ╳ 菊池省三

「森のピッコロようちえん」の日々は、筒井勝彦氏監督作品「life ライフ ～ピッコロと森のかみさま～」として１本の映画にまとめられました。筒井監督は、教育実践研究家・菊池省三先生に関する３本のドキュメンタリー映画をまとめられています。その縁で、中島久美子さんと菊池省三先生の対談が実現しました。

【対談日：2023 年６月３日／対談場所：山梨県北杜市「森のピッコロようちえん」】

■ピッコロのめざす保育

中島　今、保育園・幼稚園の業界では、どれだけサービスを提供するかを競い合っているような状況があります。延長保育とか給食とかで、それぞれの園をＰＲしています。サービス、サービスで自分たちで自分たちの首を絞めてしまっているのではないかと思います。私は、親にとっての一番のサービスは、「人間を育てる」ことだと思っていますから、そのようなことは一切考えません。給食だって、お母さんが作ったお弁当はどんなものでも絶対においしいと思っています。こども園にして、園舎を建てて整えれば、補助金も入ってくるとは思いますが、結局そうしたサービスは、子どものためではなくて、大人のためのものだと思うのです。

菊池　一般的なサービスは数値化できますが、「人間を育てる」という園の目的は数値化できないですからね。でも、保育、教育の原点に立ち返って何が大事かを改めて見つめ直したいですね。

中島　「人と向き合う」というピッコロの理念に共感していただいた方々が、毎年どなたかの紹介で、無償ではないのに入園してくださっています。私が毎月コラムを寄稿させていただいている「ちびっこぷれす」の編集長さんには「保育の最後の砦だ」と言っていただいています。

　現在の小学校の様子を垣間見るにつけ、いろいろ心配しています。実際に教室で見たことですが、子どもが「べんきょうだ！」と言って教科書を開けると、補助の先生が「まだ開けちゃだめよ」と言って、教科書を閉じて回っているのです。

菊池　本当に不要な「サービス」だと思います。育てたくないのかな、と思ってしまうくらいです。ある学校では、子どもの足元に「足型」が置いてありました。足を置く位置を決めているのです。椅子には、座布団ではなく滑り止めのシートが敷いてありました。子どもが動いても椅子がずれないようにするためです。こんなことをセミナーの場などでとんでもない例として紹介すると、参加者の皆さんはうなずいていますが、そういうことを実際に行っている地域があることは事実です。

中島　先生たちがなぜそうしたことに違和感を覚えないのかを不思議に思っています。

菊池　結局、先生たち自身に「本当の育ち」についての経験がないのだと思います。本当のサービスを知らずに、数値化されるようなサービスをすることが教師としての役割であると思っていると言っても過言ではないと思います。経験のない人に求めてもできないし、分からないわけで、言ったこちらが悪者みたいになってしまいます。表現するのが難しいのですが、「教師としてのセンス」というか、「人間力」と言ったら大げさかとも思いますが、教師としての資質が問われると思います。ですから、それらをもっていない方とは、たとえ教師であったとしても、教育の話ができないのです。学校の先生でも、教育委員会の人でも、何がそうした違いをつくっているのだろうと最近特に考えます。
「ピッコロ」のドキュメンタリー映画をつくられた筒井勝彦監督が好きな言葉として話されていた「子どもは先生の先生」は、本当にそうだと思いますし、筒井監督は教師ではないけれどそうした視線がレンズ越しに子どもをとらえ、映画にまとめられていることはすごいなと思います。
　そうしたことも通して、教育観の違いが生まれる背景は何だろうなとよく考えるのです。

中島さんのコラムを読ませていただきました。その中に「泣けてくる」という表現が何回か出てきました。

中島　はい。いつも泣いています。目の前の子どもたちが、人としてちゃんと生きている姿に感動するのです。ただ、そのことを感じる人と感じない人がいる、あるいは分かろうともしない人がいる。多分、教師になったときには、子どもを育てたいという気持ちがあったはずなのにな、と思うのです。先生たちの話をしていると、あまりに意識の差が大きいことに驚きます。子どもをよく見ている先生と、子どもを管理したがる先生。保護者の視線で見ると、あまりに差がありすぎて、先生同士で教育観についての話はしないのかなと疑問に思うのです。私自身の経験の中では、幼稚園でも保育園でも、どういう教育をしていきましょう、という話を職員間でした記憶はありません。その人次第なので、保護者や子どもにしてみれば、今年はアタリとか、今年はハズレ、という声が上がるのが実態です。

菊池　担任する1年間の中で、所定の教科書の内容を終わらせることが目的みたいな感じになってしまっている学級があるのではないでしょうか。「こんな子どもを育てたい」とか、「こういう学級をつくりたい」とか、「こんな授業をしてみたい」というゴールイメージをもっていないのではないかと思ってしまいます。教師が自主的に開催している研修やセミナーなどに参加されることもないので、日々、教科書の内容をこなす授業をするということを毎年やっていて、それが普通になってしまっている先生が、残念ながらいるのだろうと思います。

中島　そうですね。ピッコロで育った子たちの中から先生になる人がい

た場合、今話されたような先生にはならないような気がします。その人自身が経験した幼児教育、学校教育の影響は計り知れないと思います。

■「遊ぶのも先生の仕事だよ」

菊池　１年ほど前に、大学を卒業して新規採用されたばかりの男の先生の実践発表を聞かせていただく機会がありました。私は、彼が学生だった頃から知っていますが、とても真面目で全てのものごとに一生懸命に取り組む青年です。彼が７月に、小学２年生を担任した１学期間の自分の実践を発表されたのです。ただ、「うまくいっていない」とか、「大変だ」というような元気のない内容を話されていました。ちょっと心配になって、私は手を挙げて、発表内容とは関係なく、「子どもたちと遊んでいますか」という質問をしました。すると、「１学期の間、運動場でまだ１度も遊んでいません」という返事が返ってきました。学年で１クラスだけの学校ですから、しなくてはいけない事務仕事もいろいろあると思いますが、真面目な性格もあって、ほかの先生方に迷惑をかけないようにと、一生懸命仕事に取り組んだのだと思います。

私は、「遊ぶのも先生の仕事だよ」と言いました。自分から笑顔が消えてきたという話もしていましたから、「人間は、誰だって遊んでいる時は笑うのだから、遊べばいいじゃないか。それが大事な仕事だよ」という話をしました。真面目なんですよね。遊ぶ中で分かることは多いはずです。例えば、場合によっては怪我をして、その中で周りの人に助けてもらう経験をすることなどが教師として成長していく一番のきっかけだと思います。そうした部分に焦点が当たらず、「教科書の内容をこう教えました」とか、「このように授業を進めています」という発表では、それは先生本来の仕事ではないだろう、と私は考えるのです。

中島　塾の先生と学校の先生の違いが分からなくなっていますよね。「人間を育てる」という仕事のはずが、教科書の内容を教える仕事に狭められているように思います。

菊池　香川で塾を経営している友人がいます。塾ですから、当然成果を出さないといけないわけですが、中島さんが今言われた「人間を育てる」ということも塾の学びの中に取り入れたいと、継続して私を年に何回か呼んでくれるのです。

ある時、中学生と高校生を30人ぐらい集めて特別授業をしたことがあります。通常は個別指導を行っているのですが、私が行くということで、それぞれが違う学校から来ている子どもたち30人の授業です。私は、黒板に「一人ひとり違っていい」と書きました。続けて、「君たちは『違い』と聞いたら、違いという言葉の前に『間』という字が入った『間違い』、つまり『誤り』と受け取るのではないですか？　『違い』は、本来は自分らしさですよね」と言ったら、その受験期の寄せ集めの30人の中高生たちがいる部屋の空気がふっと変わったように私は感じました。そんな瞬間があると思いますが、その時、正にそのような印象を私は受けました。

もちろん特に受験期などは、間違えてはいけない、間違いはよくない、という学びの時ではあろうかと思います。ただ、そもそも「間違い＝×、違い＝×」ということを小学１年生の時からずっと刷り込まれているのではないかと思うのです。

■「違う」って、かっこいい!!

中島 本当は、違った方がかっこいいし、間違った方がかっこいいんですけどね。違っていることを自慢するくらいがいいと思うのですが。

話は少し変わりますが、菊池先生が来られる前に子どもと話していて「雨のあとで、川にたくさん水が流れているから『やばい』よ」と言いました。実は、ある講演会をしたときに、その主催者の方から「先生、『やばい』という言葉だけは言わないでくださいね」と言われたことがあります。「そうだな。それだけはやめよう。気をつけよう」と思いながら話をしました。あとで、子どもたちに「『やばい』って言葉を使うのはだめらしいよ」と言うと、「どうして？」と聞かれたのですが、私は「なんか、ちょっとだめみたいなんだ」くらいしか答えられなかったのですが、子どもは、うーんという表情で納得のいかない顔をしていたので、「でも、使いたかったら使っていいよね」と私が言うと、納得して「うん」と答えてくれました。

さらに、

「本当は、先生も『やばい』っていう言葉が好きなの」

「うん」

「じゃあ、先生も使おうかな」

「うん」
「自由だもんね」
　と話が続き、「中島は『やばい』という言葉を使いたいし、みんな自由に表現したい」という感じになりました。
　子どもたちは、本当に大人の言葉を理解していると思います。自分に関係する話だと感じるとじっとこちらを見て聞いています。それでいいと思えることを私たちが話していると納得した顔をして、聞くのをやめて向こうに行ってしまうようなことがよくあります。その意味で子どもと大人の関係は、対等だと思います。
　年長組の子から、「大人には大人が言って」と言われたことがあります。「私たちが言っても通じないから」ということのようです。私は、彼女たちが思っていることを大人に通訳しようと思っています。「やばい」という言葉も、講演の場ではだめかもしれないけれど、普段の生活の中では言っていいと私は思っています。でも、今の子どもたちが育つ社会では、「言ってはいけない」「いけない」「いけない」のオンパレードで、そんな意識を刷り込まれながら大きくなっていくのです。

菊池　「評価する者、される者」という単純な構図ではない、本来の大人と子どもの関係があるはずです。

中島　いつも、私が評価されているという感じがしています。「中島、そこか」みたいな目でいつも見られていますし、もう勘弁してと思うくらいです。

■自分の意見をつくる授業

菊池　私は多くの飛込授業をさせていただいていますが、授業は先生方も見に来られますので、子どもたちに言いながらも、参観している先生たちに言っていることも結構あります。「あなたたちのことだよ」と。

　学校で行われている授業には、大きく二つの種類があると思っています。一つは、「正解、不正解がある質問を軸にした授業」です。調べたら正解が分かる授業です。もう一つは、「考えて、自分の意見をつくる授業」。いろいろな考えがあって、人と違っていても不正解はない。多様な考えを求める質問でつくられていく授業です。

　ところが、小学校１年生から中学校３年生までの間、ほとんどの授業では、正解を言うことを求められます。だから、ある子は「ぼくは、分からないし、できない。いつも、頭のいいあの子が正解を言っているから、ぼくは黙っていよう」とずっと思い続けているのです。

「答えが違っていていいじゃない。違っている方が面白いよ。なるほど、あなたらしい考えだね」という視点が教師にないのです。教科書の通りに進めて、正解をなぞるだけの授業。それが面白いはずがありません。

中島　社会に出て生きていけば、正解を求められることはほとんどなくて、逆に何だか分からない出来事ばかりがたくさんあります。幸せに生きることに向かっていく力を身につける教育でありたいと思います。

菊池　今の立場になって、保育園や幼稚園から中学校まで、いろいろなところに行かせていただいています。小さい頃からずっと一つの集団の中で暮らしている子どもたちも少なくありません。いわゆる生徒指導的なこともほとんど必要とされていなくて、静かに時間が流れているように見えます。ただよく見てみると、「あれ、これは、崩壊しているのではないか」と思うような状況を感じることがでてきました。一般的に学級崩壊と言えば、三つのタイプがあると言われています。まず、先生のことが嫌いで暴言や暴力がはびこっている状態。二つめに、先生のことが嫌いで冷たく無視をしている状態。最後に、先生のことが嫌いというほどではないけれど、あまりにも規律がなさすぎて授業が成立しない状態。私も、この三つかなと思っていましたが、最近気づいたのは「明るい崩壊」と呼んでいる状況です。授業は一応進んでいきます。子どもたちは、別に悪さをすることもないので、淡々と進んでいきます。でも一人ひとりの個が確立していないのです。

そんな中学校の管理職の先生に、「高校に進学したあとの子どもたちの様子はどうですか？」とお聞きしたことがあります。２割から３割ぐらいの子どもが高校を中退してしまうと言うのです。高校になると、いろいろな中学校から進学してきますから、一人ひとりが主張をしたり、どうやって折り合いをつけようかと一緒に考えたりする場面が出てきますが、中学卒業までにそういう経験をしていない子どもたちは、高校で新しい環境に出合い、心がポキッとなってしまって、中退率が高いということでした。

ですから、学校の中で、教えるべきことを教えるのは当然ですが、違いを出し合ってみんなで考えるという経験を積んでいかないと、その後に待っている社会、大人の世界というのは、同質の人間の集まりではなく、違いを出し合って競争している社会ですから、それに対応できる力を育てることは当然必要とされているのです。

みんなよい子です。先生にも悪気がありません。教科書の内容を教えることや１年間の行事をこなしていくことも確かに大事なことですが、それを目的、ゴールにしてしまって、教育に一番大事なものを見失っているのではないかと思います。

飛込授業で扱う教材として「さかなクン」についていろいろ調べたことがあります。そ調べたことの一つですが、群れをなして泳ぐ魚を水槽にいれると、必ずいじめられる魚が出てくるそうです。それで、いじめる魚を取り除くと、違う魚がいじめ始めると。さらにその魚を取り除くと、また違う魚がいじめ始めるのだそうです。狭い世界の中では、そういう連鎖が起こるそうです。

また、さかなクンは好きなことを貫きました。お母さんはそれを全面的に支えてくれた人で、「成績が優秀な子がいれば、そうでない子もいるからいいんじゃないですか。みんなが一緒だったら、ロボットになってしまいます」というような考えをされていたとのことでした。また、先生から「絵の才能を伸ばすために、絵の先生について勉強をさせてあげたらどうでしょう」と言われた時には、「それでは、絵の先生と同じような絵を描くようになってしまう。あの子には、自分の好きなように絵を描いてもらいたいから、今のままがいいのです」という趣旨のお話をされたとのことでした。いじめられることもあったけれど、好きなことを貫いて広い世界に行くことで自身の生き方を見つけたということでした。

大人の役割として、いろいろな経験ができる場をつくり、その場に置いてあげるということが求められていることなのかなと思います。足型に閉じ込めようとする学校に子どもの未来はありません。完全にアウトです。

中島　ピッコロようちえんでは、誰かが転んで怪我をしたら、みんながすぐに寄ってきます。周りの全員が自分のことを大好きだろうと思っているのだと思います。当たり前に全員が自分もみんなも大好きなはずだと。ここにいる３年間はそういう思いをたくさんしてほしいのです。小学校に入ったら、周りから嫌われてしまう人もいるかもしれないけれど、ここにいる時間は、自分が好き、全員が好きと思ってくれていたらいいなと私は願っています。

小学校に行ったら、誰かから「バカ！」と言われることもあると思います。でも、「バカ！」と言ってもらったところから関係は始まります。みんなのことを好きならば、「バカ！」と言われたことは、何か自分のためにいいことをしてくれたに違いない、でも、「バカ！」と言われて嫌な気持ちになっている…。そんなことを頭の中で一生懸命考えているうちに、半年ぐらい経って、「バカ！」にはそれほどの意味がなかった、ということも自分で分かってくるのです。そんなことを体験しながら、社会を信じるとか、人を信じるということを普通にできるようになっていく、生活するって楽しいなと感じられるような人間に育つように、私は守り切ってあげたいのです。

菊池　「ほめ言葉のシャワー」も最初は儀式的に始まります。でも、活動をしていく中で、人に対してプラスで見る、プラスで見てもらえるはずだという基本的な関係性ができていきます。それを続けていくと、３学期の頃には、あえて「ほめ言葉のシャワー」をしなくても、自分も学級もプラスのストロークで接することが普通になっていくのです。

中島　そうですよね。人間生まれてきた時には、多分、みんな私のこと大好きそうだ、と感じているはずなのに、どこかで、何かの経験をして折れてしまい、嫌われているかもしれないと気持ちが変わっていってしまうのではないかと思います。

菊池　正解、不正解の問いばかりで、責められることが続くから、嫌いとか、どうせ私なんかというような心持ちになっていってしまうのでないかと思います。

■必要とされる教師の資質

菊池　現役時代、私が地元の北九州などでセミナーを開催すると、どこからかその情報を耳にして、担任をしている子どもたちが参加するということが何回もありました。お昼休みに、保護者の方とか友人の先生方に子どもたちをご飯を食べに連れて行ってもらうようにお願いしていました。そうすると、私がいない場所なので聞きやすいということがあると思うのですが、「菊池先生は、『ほめる、ほめる』と言っているけれど、普段の教室では本当はどうなの」と聞くのです。絶対聞きます。あとで子どもたちの答えを聞かせていただきましたところ、「ほめる」ということについては何も言わないで、「理不尽な叱り方はしなかった。変な喧嘩両成敗で終わらせるようなことはしなかった」、あるいは、「自分たちが企画したことがうまくいくように、成功するように応援してくれた」というような答え方をしていたようです。「君たち、偉いね」と私は素直に喜びました。

人間同士というものは、やはりお互いに学び合い、成長し合うために、プラスのストロークで接するのが普通のことではないかと思うのです。それをほめると言えば、ほめる。認めると言えば、認めるということかもしれませんが、あえて言えば、それらは普通のことではないかと思うのです。その逆のことをしている学校の先生がいるとしたら、それはいけないことですし、人間らしさがないのではないかと思います。もちろん、そんな先生ばかりではないと思いますが。

中島　菊池先生は、どのような感じでご両親に育てられたのですか。

菊池　自分の子ども時代は「巨人の星」の時代ですから、主人公・星飛雄馬のお父さんの星一徹のような父親でした。目が合えば叱られるような感じでした。

中島　お母さまには可愛がられたのでしょうか？

菊池　母親は優しくフォローをしてくれていたと思いますが、昭和の時代の地方の家庭ですから何と言っても父親の存在が大きく、その厳しさばかりが子ども時代の思い出として残っています。私は、男３人兄弟の真ん中でした。兄と弟は、結構真面目で、きちんと勉強していたように思います。私は、野原に基地を作ったり、コウモリを捕まえて先生のところに持って行ったりしていました。お祭りの夜市で手に入れたヒヨコを育てたり、鳩をもらって鳩小屋を作って育てたり、そんなことばかりしていました。そういった意味では自由な子ども時代を過ごすことができて、よかったなと思っています。

　そうした子ども時代のことも含めて、プラスで見るという基本的な部分を自分の中にもっていないと、大人になってからの考え方、生き方として、本質的にはなかなか変わることができないのかなと最近思っています。

私は、教員になってから自分の師匠と本気で思える人に出会えたことが何よりもよかったと思っています。とても怖い人でしたが、なぜかとても惹かれました。ご自宅にお邪魔して勉強会に参加させていただきました。ある時お師匠さんから、「どうして文学を教えるのか」と意見を求められまし。そんなことを急に聞かれても答えられるわけがありませんから、ただ「ううん」と考えているふりをしていたら、「知恵がないものが知恵を絞っても知恵は出てこない」と言われて、「はい、その通りです」と返事をすると「では、どうすればいいんだ」とさらに聞かれましたので、「分かりません」と答えると、「人に会って話を聞くか、本を読むしかないだろ」と教えられました。勉強会が終わって飲み会になってから、突然また、「どうして文学を教えるのか」と聞かれたのです。もう飲み会になって、話題も変わったら大丈夫だと油断していました。答えられることがなくて、「知恵がないから分かりません」と言うと、「人間は変わる。その可能性がある。そのことを信じなさい、ということを文学で学ぶのだ」というような言い方をお師匠さんはされました。

小さな頃は絵本に触れ、小学校で物語を読み、中学校に入って以降はずっと小説を読み続ける。そのたびに「ああ、人間ってすごいな」と感動し続けるような学びをしなさいということだったと思います。教室の隣でいつも授業中に寝ている子がいたとしても、もしかしたら一晩寝たら、明日はいい子になっているかもしれないのです。

中島　はい。私も、それは思います。

菊池　だから、諦めないで「頑張ろうね」と声をかけ続け、関わっていくことがとても大切なことだということをお師匠さんから学んだのです。このことは、全ての学校の先生に求められていることではないかと、今は思っています。

中島　お師匠さんの言葉をそのまま素直に受け止められたということですね。その素直さというものがないと、何を聞いても自分のものにはなっていかないと思います。

菊池　2015年に「人間を育てる　菊池道場流　作文の指導」という本を中村堂さんから出していただきました。その中で私が若い頃出合った大好きな児童詩を２つ紹介しています。その内の１つは、本のカバーに書かれています。

> 練習を何度もして、
> やっと逆上がりができた
> ぼくの横で、
> 先生が、
> ぼくよりもよろこんでいた

　なんか分かりますよね。子どもが「やった！」と思ったら、横で先生が自分よりも「やった!!」と喜んでいる。大好きな詩です。もう一つも紹介します。

> 夏やすみに
> 忘れ物を取りに職員室に行った。
> 先生が、ランニングを着て、
> 分厚い本を読んでいた。

入り口から声をかけると、
本を閉じて振り向いた時、
『お母さんの病気はよくなったか』
と聞いてくれた

なるほど、このように一人ひとりの子どもに思いを寄せられるのが先生なのだと思いました。

中島　子どもは、そういう先生の思いを受け止められるし、その先生の思いをすかさずチョイスして詩に書くことができるのですね。

菊池　子どもの日常の姿を、自分自身が教師としてどれだけ見ることができていたのか、あるいは見るようにしていたかと考えると本当に反省ばかりです。ただ、今改めて思うと、私は書かせるということを大切にして、子どもが書いた作文をどう読むか、どう見るかということについて、作文という確かな「もの」を何度も読み返し、場合によっては一晩おいてから読み直してもう一度子どものことを考えるというようなことをし続けてきました。そうした取り組みを通して、子どもをどう見るか、どう受け止めるかということを、子どもたちに育ててもらったような気がします。

中島　私も子どもに育ててもらっているということにとても共感します。そうやって私がちょっと育つと、子どもはもうちょっと違う高いハードルを出してきます。それを成長して乗り越えると、また違うものが出てくる。「これはどうだ？」という感じで次から次へと出してきます。「もう、やめてよ」と思います。

先ほど菊池先生が、「違いの前に『間』がついた『間違い』」という話をされている間、あの子（対談の最中に園内で遊んでいた子どもの内の一人）が、こちらを見ながら、じっとその話を聞いて、少し寄ってきました。その話が終わったら、さっとまたどこかに遊びに行ってしまいました。自分にとって大事なことだと感覚的に分かっていて、その話を「そう、そう」と思いながら聞いていたのだと私は確信します。

菊池　多くの子どもたちは、「間違いは、ダメなこと」ということを刷り込まれているのです。私は、子どもたちを指導する上で価値ある言葉を「価値語」と言っていますが、その中で「一人シリーズ」というのをよく伝えています。まず「一人ひとり違っていい」。そして、一生懸命頑張る「一人が美しい」。最後に、「一人をつくらない」。この３つの「一人」という考え方が全ての授業の根幹にないといけないと思っています。「一人ひとり違っていい。一生懸命頑張る時は、頑張る一人が美しい。でも、何かをみんなでする時には、一人ぼっちをつくらない」。このことを大切にしたら、教室は変わるのではないかと思うのです。勝手なことをしてはいけないと言いながら、一方で、あの子はそういう子だから仕方がない、と諦めて放っておいているという実態があるのではないでしょうか。

中島　私は、一人ひとり違わないと気持ちが悪いとさえ思います。変ですよね。怪しげな宗教みたいです、

菊池　例えば、みんなが明るいのは楽しいけれど、教室の 30 人が全員明石家さんまさんみたいだったら、その教室はちょっと不自然ですよね。

中島　本当にそういうことです。ピッコロを巣立っていった子どもたち

が、学校に行ってからみんながリーダーになってしまったら困ると思っています。大人しい人もいて、にぎやかな人もいて、いろいろな人がいることが当たり前です。そろっていたら、気持ち悪い社会になってしまいます。

■変わろうとしない大人たち

菊池 「小1プロブレム」とか「中1ギャップ」という言葉がいつからか出てきました。あたかも、子どもたちが変わってしまったかのように言われています。私には、自分たちが変わりたくないが故に、そういうラベルをつくって、自分たちが責任を負わないことの言い訳にしている象徴だと思っています。

中島 大人たちが変わりたくない…。

菊池 はい。例えば、教室で椅子に座るときは「グー・ペタ・ピン！」で座ろうと言い続けています(「『グー』机とおなかの間を『グー』1つ分空ける。『ペタ』つま先とかかとを『ペタ』っと床につける。『ピン』背中をまっすぐ『ピン』と伸ばす」)。指導することが何も変わっていない。「ちゃんときちんと座りなさい」とだけ言って、それができない子を「小1プロブレム」と呼んでいます。中学校では、中学校という新しい環境になじめない子どもたちを「中1ギャップ」と呼んで、小学校の責任にして、自分たちは何も変わらず、変えようとしないのです。子どもがさも変わってしまったかのようなネーミングをして、自分を守ろうとしているとしか私には思えないのです。もちろん、自分の反省も込めてですが。

中島　変わらない、変わりたくないというのは、どんな気持ちからなのでしょうか？　変わるのが怖いのか、プライドなのか、単に面倒くさいのか。でも、子どものことを考えたら、そんなことを言っていられないはずです。

菊池　そうですね。結局は、子どものために子どもと同じ方向を向いていこうという当事者意識がないのではないかと思います。学校の中での対話でも、主語がだいたい「学校は、…」とか、「委員会が、…」となってしまうのです。自分を主語にしてしゃべらないのです。責任を自分が取らないで、どこかに責任を押しつけているということです。

■人間を育てる

菊池　以前、あるこども園で、子どもたちが学んでいる様子を見せていただいたことがあります。フラッシュカードを使って、むかし話のタイトルを言ったり、漢字を読んだり、英単語の学習をしたりしていました。何回もやっていますから、しっかり覚えていて、元気な声で答えていました。英語は、小学校３、４年生くらいの内容をやっていたと思います。算数では足し算の内容も入っていました。先生がカードをピッピッとめくって、テンポよく学習していました。それが終わって園の先生から、「菊池先生、20分ぐらい何か授業をしてください」と頼まれましたので、子どもたちに向かって、「普段、どんなことをして遊んでいるの？」と聞きましたが、ボーッとしたままで反応がないのです。「お友達と相談してもいいよ。席を立って、お友達のところに行ってもいいよ」と言っても、話し合うことも立つこともできないのです。驚きました。何だろうこれは、と思いました。

英単語は、暗記して覚えているかもしれません。一桁の足し算くらいはできるようになっていたかもしれません。ただ、一番根幹の、人に対する興味とか、共同体としての意識のようなものが、全くありませんでした。恐ろしいなと思います。

中島　私は、「森のピッコロようちえん」を始める前に、幼稚園や保育園を転々としました。その期間に、ある子どもから「先生、泣いていいですか」と言われたことがあるのです。でも、考えてみると私は確かにそういうクラスをつくっていたし、しつけることが保育だと思っていたのです。今考えると、泣いてしまいそうです。主体的に動くことができない子を育てていたのです。本当に申し訳ないことをしていたと、今思います。管理していました。「はい、どうぞ」と言えば動く子を育てていたのです。

菊池　そういう時期があって、今の「森のピッコロようちえん」がある。

その転機というか、転換するきっかけは、何だったのですか？

中島　私は、７回転職して、８園で働きました。基本、どこも管理、管理でした。「この先生みたいになりたい」と思うことができる人に出会えればよかったのですが、そのようなこともなかったのです。「もう、保育の仕事を辞めて、一般企業に就職するか、保育を続けるなら、自分で園を立ち上げるか」という選択に自分を追い込んでいました。「雇われてする保育はもう無理だ。やるなら、自分でやるしかない」と腹をくくったのです。

菊池　それを決断できるかどうかが、大きいですよね。

中島「このままではダメだ。この保育ではいけない」と思っても、雇われながらやっている限り、園長先生も、主任もいるわけです。いろいろと不自由なことばかりでした。そうしたことを取り除いて、自分が理想とする保育を思い切りやってみよう、試してみようと決意しました。子どもに対して「試す」というのは、あまり適切な表現ではないかもしれませんが、もしかしたら世の中のためになるかもしれないという思いが一方であったのです。ただ、行動に移すのはとても怖くて躊躇していました。そんなタイミングで、今の「森のピッコロようちえん」の建物に住んでいた友人が、「引っ越すことになったから、この建物、使う？」と誘われて、気づいたら園の運営を始めていたという感じです。やってみたいという思いに、神様が応えてくれたのかもしれないなと思っています。

それから 17 年が経ちました。その時間の中で、子どもたちのケンカの仲裁ができるようになってきました。自分で言うのも変ですが、いい感じにはなってきています。保護者の方々からも人気があって、「久美子先生、久美子先生」って言ってくれていて、「あ、これは、いい」と私もめざしていたものを掴んだ実感を得ています。

菊池　言葉にするのは、なかなか難しいことですが、転機は自分の内側から来るものですよね。

中島　見えない力に仕組まれていたのではないかと思います。本当に不思議なタイミングで建物を借りられました。裏山もピッコロの山として借りていますが、夫が以前林業をしていた時に、森林整備で入ったことがある山なのです。自分のこれまでの人生をふり返ってみると、「仕組まれているな」と思うのです。夫と結婚したことも、アラスカに新婚旅行に行ったことも、全部この地でピッコロを開園するためだったのだと思えるのです。

菊池　生き方ですね。先ほどおっしゃった、「園長先生も、主任もいるし…」という思いをもっている人はたくさんいると思いますが、その思いを共有して一緒によくしていこうと言い合える仲間にもなかなか出会えないし、出会えても人事異動があってその関係が長くは続かず、思い描く状況に変えていくのは難しいものです。

中島　園に勤めていたときの私は、上司から本当によく怒られていました。また、同僚からのいじめにあったこともあります。園を首になったこともあります。そういう話なら山ほどあります。ただ私は、もともと優等生ではありません。そうしたことがあったからといって、仕事がいやになるというタイプではありませんでしたから、いつもその次のことを考えて進んできたつもりです。

菊池　成績がよい人が、よい先生になるとは限りませんから。最初の方でお話しした、１学期の間、子どもと一度も遊んでいないという先生も本当に真面目です。でも、時には一度机の上の書類を放り出して、子どもたちと思い切り遊んでみて、そこから考えてみればいいと思うのです。同じ職場に、若い先生たちにそういう助言をしてあげられる先輩がいないことが問題だとも思います。

中島　不真面目な先生が、もう少し学校にいてもいいと思います。ある先生から、「小学校４年生の『ごんぎつね』というお話のために、国語の時間を10時間使うことになっているけれど、自分は３時間で終わりにしました」とお聞きしました。空いた時間は、独自にいろいろなことをしたと言うのですが、そういうことは学校ではできるのですか？

菊池　一人ひとりの先生の工夫次第だと思います。「ごんぎつね」のことは、私もよく話すのですが、４年生の子が学校から家に帰ってお母さんから「今日、何の勉強したの？」と聞くと、子どもは「ごんぎつね」と答えます。次の日、お母さんが同じ質問を子どもにすると、子どもは、また「ごんぎつね」と答えるのです。本来は、「『ごんぎつね』の勉強」ではないですよね。「ごんぎつね」という作品を通して文学の読み方を学ぶことが大切な目標です。文学作品を通して自分を豊かにしていく。そこで学んだ読み方を応用できれば、ほかの物語も楽しく読むことができるようになっていく。そういう読み方についての学びを３時間でできたとしたら、それがほんとの国語の授業だと、私は思います。「ごんぎつね」の細部の記述について、延々と10時間かけたとしても意味はありません。

子どもたちが興味のもてない、面白くない授業が続けられていることが、小学校では学級崩壊、中学校では不登校が増えている大きな原因だと私は考えています。だから、「授業を変えよう」という提案を一貫して行っているのです。

中島　小学校の授業をよく参観させていただきますが、本当に面白くないですね。

菊池　静かに崩壊しているような学級の授業を１時間参観させていただいたあと廊下に出ると、相当エネルギーを吸い取られた感じがします。ただ後ろで参観しただけで、私自身は何もしていないのですが、そんな疲労を感じることが少なくありません。

学校では、先生がカリキュラムに従って決められたことをして、とりあえず形が進んでいけば、それで問題になることはなかったのです。その教室にあった「空気」は問題にされていないのです。

■子どもに学ぶ教師

中島　道徳の授業をある小学校で参観させていただきました。授業の最後に、感想を順に言うところで、一人の子が「次からは、けんかをしても○○を貸してあげようと思います」と言うと、以降、「ぼくも、貸してあげようと思います」という意見が続きました。その後、ピッコロの卒園生が、「ぼくは、ちゃんと貸してあげられるかな…」と呟きました。私は、「いいね、その意見」と思っていましたが、先生には完全にスルーされて、授業はそのまま進行してしまいました。私は、「あれ、こういう意見を取り上げて深めていくことを道徳でしなくてはいけないのではないの」とモヤモヤした気持ちでしたが、授業はそのまま終わってしまいました。

菊池　その子は、授業の内容を自分事として捉えられていますね。全国の多くの教室では、道徳でさえも「〇か×か」が求められ、正解主義になっています。この積み重ねの中で、負の空気を読む子が増えていっているのではないでしょうか？

中島　答えのある道徳になってしまっています。

菊池　「ちゃんと貸してあげられるかな…」と言ったピッコロの卒園生に学ぶことができる教師でありたいものです。そこにある子どもの素晴らしさを感じとれる教師でなくてはいけません。

　少し話がそれてしまうかもしれませんが、私が研修会や講演会の講師として呼ばれてお話をさせていただいたあと、終わりに司会の方が「では、せっかくの機会ですので、菊池先生に質問はありませんか？　あるいは感想でも構いません」と参加者に発言を促されることが多くあります。でも残念ながらほとんど手は挙がりません。私が参加者の立場だとしたら、多分同じだと思います。ところが、手を挙げない方々も、教室では子どもたちに、「感想ないの？　一人しか手を挙げないの？」と言って、子どもたちに厳しく当たるのです。自分はできていないのに、子どもには要求しているのです。

中島　はい、とてもよく分かります。

菊池　子どもをよく見ていれば、「ここでは、こういう表情を見せるのか」「ここでは、こんな反応をするんだな」といろいろな気づきがあるはずです。例えば、２年生の子どもと向かい合っているときに「あなたたち、来年から中学年よ。このままでは３年生になれないよ。しっかりしなさい」と毎日小言を言うのか、「この子たちは、大人になったら、自分なんかよりずっと立派な人になるんだろうな」と思って見ているのでは、子どもたちの成長においても大きな違いがでるのではないかと思うのです。

中島　どうしても口を挟んでしまうんですよね。

菊池　私自身も、若い頃は「厳しい指導」をしていました。隣のクラスにいた一人の女の子について、「菊池先生、彼女をどうにかしてください」と言われていたこともあって、その子に対して厳しく接することを続けていたのです。それから10数年が経ったとき、地元の駅の近くで彼女にばったり会いました。駐車場のブロックのところに座っていたのですが、私に気づいて駆け寄ってきました。そして一言、「先生、まだ厳しくしよるん？」と言うのです。驚きました。でも、当たり前ですよね。されて嫌なことは、ずっと覚えているのです。10数年ぶりの再会の第一声がそれですから。心の中で「本当にごめんなさい」と謝りました。子どもは、絶対的な弱者ですから。

中島　そうです。先生は、権力者です。

菊池　教師は、ついつい権力をふりかざしているのです。そのことに、自身で気づけるかどうかがポイントだと思います。「先生」と「教わる者としての子ども」という関係は確かにありますが、そのことに自覚的であるかどうかです。教師が権力をふりかざすことが当たり前だという教育をずっと受けてきたことも確かですが、そのことから脱却できるかどうかが問われています。

中島　先生や警官になると、なった途端に権力を手に入れた気になって傲慢な態度をとってしまいます。一方で、営業職についた人は、ぺこぺこと頭を下げる。たまたまそういう職業に就いただけなのに、どちらもおかしいですね。

菊池　ピッコロようちえんのように、自然の中でありのままの姿を子どもたちが見せてくれていれば、その姿から本当のことを私たちは学ぶことができるように思います。

中島　「先生、それダメだよ」とか、「先生、その怒り方はいいと思う」と子どもたちが言える学校の先生もいると、ピッコロの卒園生が言っていました。子どもたちが先生を評価しているというか、子どもは先生のことをすごくよく見ていますよね。

菊池　子どもは、大人のことを本当によく見て、いろいろなことを感じています。

中島　正直、本当に怖いです。もう、何も話せないな、と思うこともあります。

菊池　最初に申し上げた、「小１プロブレム」とか「中１ギャップ」という言葉をつくって、レッテルを貼って、それで安心しているような今の教育の状況をどうにかして変えたいなと強く思っています。

中島　本当に、そう思います。

■地域で先生を育てる

菊池　私が若い時は、保護者の方が若い先生を育てていたように思います。私は、教師になった最初の年は４年生を担任させていただきました。１年が経って５年生になる前に初めてのクラス替えを経験しました。当時は５クラスくらいあったのではないかと思いますが、先輩の先生方から教わりながら言われる通りに作業をして、大体出来上がったところで、学年主任の先生がそれを見ながら、「５年１組、このお母さんがいるから大丈夫。５年２組、このお母さんに任せておけば大丈夫…」と確認していくのです。子どもたちの向こう側のお母さんたちのことも全部頭に入っていて、それも含めたクラス替えをしていました。

中島　素晴らしい！

菊池　保護者の方々にもバックアップしてもらうということが先生方の意識の中に普通にあったのだと思います。いい意味で頼ったり、お願いしたりという関係がありました。そういう信頼関係がない状態で、保護者から監視されていると疑心暗鬼になったり、何か言われないように落ち度なくサービスをきちんとしなくてはいけないと思ったりしているような、不安な気持ちでいる先生が増えてしまっているのではないでしょうか。保護者の方々も、先生方も、一緒に頑張っていこうね、と一緒に

励まし合える関係をつくりたいですね。

中島　その意味では、ピッコロに集う子どもたちの保護者の方々の中には、小学校でＰＴＡ会長になって、「先生、頑張りましょう」と声をかけられている方もいて、共によい教育を創っていこうとされているように思います。

● 菊池省三（きくちしょうぞう）先生プロフィール

1959 年愛媛県生まれ。山口大学教育学部卒業。「菊池道場」道場長。元福岡県北九州市公立小学校教諭。文部科学省の「『熟議』に基づく教育政策形成の在り方に関する懇談会」委員。大分県中津市教育スーパーアドバイザー、三重県松阪市学級経営マイスター、岡山県浅口市学級経営アドバイザー、兵庫県西脇市教育スーパーアンバサダー。著書、多数。

3-1
森のピッコロ物語

台風の日

９月初めに非常に強い台風21号が通過した。ピッコロでは誰かが休園を決めるのではなく、保護者が“今日我が子は野外で安全に遊べるか”を判断し、登園の有無を決めることになっている。我が子の命のことは人任せにしない方がいい。午後に台風が通過予定だが、ピッコロは14:15で降園なので24名中19名が登園した。正解はないので、登園してもしなくてもどちらの判断もいいと思う。

登園後すぐに年長男児そうちゃんが私にこう言った。「ビニールハウスは怖いから小屋で食べた方がいい」と。朝から大人任せにせず、昼食の場所を考えてくれたのだ。年長児になると全体に気を配るようになる。すごいなぁと思い、さらに聞いてみた。「なんで小屋の方がいいのかな」と。すると彼は「ビニールは軽い、木は重い」と言ったのだ。知識だけでなく、経験を伴い物事を判断しているこの種類の言葉を聞くと、私はいつも泣きそうになる。言葉が自分のものになっているのだ。大人でも知識だけで話す人がいるが、その言葉は私にはあまり入ってこない。言葉は短くても体験から話す人はかっこいい。その意味でもそうちゃんはとてもかっこよかった。

彼が全員の安全を考えてくれたことは共有した方がいいので、私は朝の会でこの話を子どもたちにした。するとさらにそうちゃんがこう言った。「救急のリュックも小屋にした方がいいよ」と。ピッコロのビニールハウスにはロッカーがあり、そこに普段のリュックと非常用のリュックが入っている。非常用のリュックがビニールハウスにあると壊れたときに取れないので、小屋に移動しようということだ。そ、そんなことまで考えているのか！　そして「椅子片づけたらやった方がいいよ」ともつぶやいた。今は朝の会なので、終わったらということだ。こんなに場を読める幼児っているのだろうか。普通それを言うのは私だろう。しかも年中少児はその意図がわかったのか、席を立つ子は1人もいなかった。20分ほどの朝の会が終わり、子どもたちは自分の椅子を片づけ、誰の指示もなく静かにビニールハウスに入っていった。まさかと思ったが、全員がリュックを持ち出し小屋へ移動し始めたのだ。友だちの真似をしている子もいると思うが、大人の指示も年長児の指示もなく、朝の会のそうちゃんの言葉だけで、全員が静かに当たり前のように動くこの光景は幼児ではあり得ない。また腰が抜けてしまった。小屋の畳が濡れるので、全員がデッキでカッパを脱ぎ、掛ける。小屋には大人がいないのでリュックの置き場所の指示もなく、全員がまとまって適当な端に揃えて置いていた。子どもたちはすべて自分で考え判断しているのだ。

　ピッコロでは、大人の見えない所で遊ばないという約束がある。小屋には大人はいないので、リュックを置いたら外に出てくるかと思ったら、年長男児よっちゃんと年中男児ふくちゃんしか出てこなかった。他の子はそのまま小屋で遊び始めていた。遠くから目を凝らして見ると、ホウキを持って走る子もいた。危険だし約束も守ってないので、注意しに行こうと思ったが待てよ、とも思った。前日、小屋のロフトに誰かの帽子が乗ってしまい取れなかったので、もしかしたらそれを取っているのかもしれない。ここで私が「約束を破ってはいけません！！」と叱るのか、「帽子を取ってくれてありがとう」と感謝を伝えるのかは子どもにとってはずいぶん違う。大人は想像力が必要だ。ただ本当に遊んでいたら危険だし注意した方がいい。外にいた２人が様子を見に行ったら、やはりロフトの帽子取りをしていたらしかった。帽子を取ってあげるのはいいことだが、大人が見えない所で遊ぶのはだめだ。すると今度は年長男児よっちゃんが「大人が１人小屋に来てほしい」と要求してきた。見えない所で遊ばない約束と、ロフトの帽子を取ってあげたい気持ちを両方叶える解決策を考えた。彼らには何かを乗り越える力がついている。

そして私もそろそろ小屋へ入ろうかと思っていたら、小屋から出てこなかった年長男児そうちゃんが大声で私に向かってこう叫んだ。「外は危ないから中にいた方がいいー！」と。これには心底驚いた。彼は見えない所で遊ばない約束はわかっている。だが台風の危険を考え、約束に縛られずみんなが小屋にいた方が安全だと判断したのだ。世の中にはきまりより大事なことがあり、きまりに縛られると正しい判断ができなくなるときもある。彼は私にそれを見せてくれた。すごい年長児に育ったものだ。その日の帰りに「そうちゃんはみんなの命を守りたいのだね」と彼に言ったら、ものすごくいい顔をして無言で走って行ってしまった。その言葉がアタリだとわかったのは翌朝「中島先生おはよう」と、笑顔で、今までにないほどの丁寧な挨拶をしてくれたときだった。何がすごいかありすぎてわからないが、とにかくすべて子どもはすごい。

ピッコロ
ようちえん

3-2
森のピッコロ物語

年長ミーティング

森のようちえんピッコロでは、毎秋のピッコロ祭りに年長児が出店する。その年長児に年中少時代からずっと憧れ、いよいよ自分たちの番になった。今年度も年長ミーティングを重ね、先日出店内容を決めた。先代たちはポップコーン屋・かき氷屋・的当て屋など、学年らしい店を出した。現年長児が年中時には「まぐろ（握り寿司屋）をやりたい」や「餃子（屋）がいい」と言ったが、いざミーティングに

なると無難な内容で少しホッとした。今年度の年長児は男子ばかり５人いるが、よっちゃんとそうちゃんがかき氷屋、あとの３人はそれぞれやりたい店があった。４店舗出店させてあげるのか、話し合って１店舗にするのかは、子どものどこを育てたいかによると思う。年長児になれば、話し合い、みんなが納得するものを探し続ける作業にこそ育ちがあると私は思うし、彼らは十分にそれをやってのける。やりたいことをやるだけがいいとは限らない。

まずよっちゃんが自分の希望で「かき氷屋がいい人～」と言った。４人挙手、１人が嫌だと言った。すると次の案に移る。「え、４人の挙手では決まらないのだ！」と、私は驚いた。多数決とは少し違う。次、おーちゃんも自分がやりたい「剣屋（自作の剣を売る）がいい人～」と言った。３人挙手。やはり決まらない。どうやら彼らは、全員の手が挙がるものを探しているようだ。しかも「全員が納得するものにしようぜ」という事前の話し合いはなかった。「○○がいい人～」が何回も続き、なかなか決まらない。すると次に「かき氷は（去年）寒かった」や「寒くても売れた」と、賛成反対意見を言い合ったが決まらない。仕方ないので続きは明日やろうかと私が考え始めたら、彼らはさらに変化した。剣屋をやりたかったおーちゃんが突然「かき氷屋がいい人～」と言ったのだ。え、と思ったらそのおーちゃんの心が伝わったのか、他の子たちが次々とかき氷屋に挙手し、アッと言う間に決まってしまった。ぎょ、何が起こったのだ。どうやら、譲れないほどかき氷屋をやりたい気持ちが大きいそうちゃんにみんなが無言で合わせたようだ。長時間決まらなかっただけに、この結論の出し方にあっけに取られたと同時に感激した。

本書の 2-7 にも書いたが、自分の意見を譲るとき、自分さえ我慢すればと自己犠牲で譲る場合と、自分の気持ちをいい意味で調整して、不満な気持ちが残らない譲り方があると私は思う。不満が残る譲り方が続くと癖になり、自分の本当の気持ちがわからなくなるのではないかと、非常に気になる。不満が残りながら譲りがちだったしょうりゅう君にまず聞いてみたら、彼はせせら笑ってこう言った。「もう大丈夫」と。その顔は余裕さえ見せ、無理に譲っていた自分はとうの昔に置いてきた感じで驚いた。するとるい君も「しょうりゅうは今は大丈夫」と言ったのだ。友がどのレベルで譲る行為をしているのかがわかっている。これにも驚いた。そのるい君に譲り方を聞いたら彼はこう言った。「神様が早くどっちにするか決めてと言ったから」と。彼は神様と一緒にいるのでは、と感じることがよくあるが、自分と神様で何かを決めて生きているのだろうか。この言葉を普通に出せる場も有難いと感じた。最後お一ちゃんはこう言った。「下からボタンが上がってきてそれを押した（ら譲れた）。でも押しただけでは難しいのであと30回くらい寝たらできるかもしれない」と。申し訳ないが私には真意はわからなかったが、最後に彼はこうも言った。「そうちゃんがかわいそうだし」と。友を想う気持ちだったのか、いや彼が言うのだからそんな浅いことではないだろう。ピッコロっ子は年長後半になると、だいたいの子はいい意味で気持ちを調整できるようになる。自己犠牲でも自分勝手でもなく、いい方向に変えられるのだ。私は自分のやり方で気持ちを変えられることをこの仕事で初めて知ったが、そのやり方は未だに全然わからない。子どもたちはいとも簡単にしているのにだ。

ちなみに後日、朝の会で本日遊ぶ場所を決めるとき、子どもたちは多数決で決めるのにかき氷屋ではそうしなかった理由を聞いてみたらよっちゃんが言った。「だって！森とか川はまた違う日に行けるでしょ」と。ピッコロ祭りの出店と日々遊ぶ場所の選択は違うということだ。これを彼らはあうんの呼吸、いやテレパシーでわかりあっているのか、もしくは子どもの常識だったりして、まさか。

12年間徹底的に子ども理解をしてきたが、知れば知るほどわからなくなる。文にできるのは極初級で、現場はもっともっとすごい。

3-3 森のピッコロ物語

絵本『かりのけいこ』

1950年代にデンマークで始まった森のようちえんは、園舎のないスタイルが多いが、森のようちえんピッコロには6畳2間ほどの小屋がある。先日、雨天のためそこで昼食にし、食べ終わった子は遊んだり絵本を読んだりしていた。すると年中男児たお君が、ピッコロにある100冊ほどの絵本から1冊を手にして私に近づいた。彼は「今日の帰りの会でこの絵本読んで」と言った。見ると『かりのけ

いこ』というタイトルの絵本だった。私は驚いて息を飲んだ。それは20数年前、ピッコロを始めるきっかけになった絵本だったのだ。内容はライオンのお母さんが狩りの仕方を子どもたちに教えるというもので、母ライオンはヌーの首もとに襲いかかり、ヌーを捕らえる。家族はそれで生きながらえるのだ。

20数年前、多摩市の幼稚園に勤めていた。3歳児20名は私がその絵本を読み終えると「かわいそう」と言った。私もかわいそうだと思ったが、子どもたちは食物連鎖のことはどう思っているのかと、「でもみんなもお魚とか豚さん食べてるよね」と聞いてみた。すると20人の子どもたちは全員怒った顔で私を見た。え、何ごと？と思ったら1人の男の子がすっと立ち、大声でこう言った。「僕は！お母さんがスーパーで白いお皿にのったお魚を買ってくるから殺してない！」と。忘れられない言葉だった。今でも鮮明に蘇り、鳥肌も立つ。子どもの命と他の命が遠ざかりすぎた社会が、彼にこの言葉を言わせたと思った。私は直感で、教育機関でこのことをやった方がいいとも思った。命のことは道徳の時間だけでは教えられない。難しいし面倒くさいし方法もよくわからないが、大事なことなのだ。私が森のようちえんで教育している意味はここにある。子どもたちの周りに命がたくさんあるからだ。

その日ピッコロでこの絵本を読み終えたが、子どもたちは何も言わなかった。あれ？と思い、普段は聞かないが珍しく絵本の感想を聞いてみた。すると年少女児こっちゃんがこう言った。「かわいそうだと思う」と。「誰が？」と聞いたら、「ライオン」と言った。「食べ物なかったから」だそうだ。年少男児みーぼ君は「ライオン捕まえて（ヌーが）かわいそう」と言った。年中男児たお君は「面白いとかわいそう。食べないとライオン死んじゃうし」と言った。この子はライオンがヌーを仕留めたとき「すげー」とも言った。狩りをする側される側、子どもによってさまざまだと思う。年長男児よっちゃんは「かわいそうだけど草とか成長しないし、狩りとかしないといけないからどっちもかわいそう」と、双方の立場をわかっていた。

私はピッコロっ子がどこまで自分ごとに考えているかを知りたくて、20数年前と同じ質問をした。「みんなもお魚とか豚さん食べてるよね」と。すると年長男児おーちゃんがこう言った。「だから鶏のことを思いながら食べてる」。すると年中男児たお君と年中女児なっちゃんは「普通に食べてる」と言った。これを聞くとこの子たちはありがたさを感じていないのではないかと思うが、そうではない。かわいそうだけれど生きるとはそういうこと、と言っているように私には聞こえた。その証拠にたおくんは次にこう言った。「植物も生きてるよ」と。生きるには動物や植物の命をいただくことになる。それは人間だけではなく、他の生き物も同じだ。だから感謝が生まれ、食事の前には「いただきます」と言う。給食費を払っているので自分の子どもには「いただきます」と言わせないでほしい、という話とは意味が違う。

するとさらに話が進んだのだ。よっちゃんが「狩りができないときは死んだ（ものを食べた）方がいい。でも（ライオンは）生きているのを食べたいと思うけど」と言うと、おーちゃんが「生きていたのを食べるとおいしい」と言ったのだ。彼らはライオン本人でもないのに、ヌーの味の話をした。いやこれは単純に新鮮なものがおいしいということではない。この場合の「おいしい」は味ではなく、強く生きるには、というライオンの生きる力の話なのではないか。野生で生き残るのはそう簡単なことではない。少しでも力になる餌をとりたい。その大きな生態系の中のライオンの話がさらに本質に近くなり、私は非常に驚いた。

帰宅途中、なぜたお君は今日多数の絵本からこれを選んだのかと不思議に思ったが、この原稿を書き始めてやっとわかった。ピッコロで保育を始めて12年。干支もひと回りし、さらに原点に帰れということなのかもしれない。13年目の新入園児がそろそろ決まりそうだ。

3-4
森のピッコロ物語

応援団

ピッコロでは自分でパン生地をこねて発酵させ、翌日棒に巻きつけて焚き火で焼いて食べる棒パンの日がある。その日もそれぞれが棒パンを楽しんだ。普段はお祈りをして一斉に弁当を食べるのだが、この日はパンが焼き終わるタイミングがそれぞれ違うので、自由ご飯（焼き終わった子が自分のタイミングでピッコロハウスに入り、各自が弁当をいただく）にした。12時近くなり、ほとんどの子はピッ

コロハウスへ入り、まだ焼けてなかった年中女児なっちゃんだけが園庭の焚き火に残った。すると悲しかったのだろう、なっちゃんは泣き出してしまった。私が「大丈夫？」と言ったら、泣きながらもしっかりした口調で「私、がんばりたい」と言った。途中でやめずに最後まで焼きたいということだ。彼女の芯の強さを感じた。

すると全員が中に入ったようだったが、年中男児たーちゃんと年中男児きーちゃんが火ばさみを持ってウロウロしていた。よく見ると、その火ばさみで葉っぱを１枚ずつ火に入れている。これは火を強くしてなっちゃんを応援しているということだ。この子たちがこんなことをするようになったのか！とびっくりしたが、今はあまりほめない方がいいと感じ、「なっちゃんのこと頼んでいいかな」と言ってみた。彼らはとてもいい顔で「うん！」と言い、また葉っぱを探しにいった。彼らから“任された嬉しさ”を感じた。泣いているなっちゃんを置いていくのはしのびなかったが、他の大人も残っていたし、彼らに頼んだので私がそこにいるのは変だと思い、私もピッコロハウスへ入った。

中では他のスタッフと一緒に、それぞれが弁当を食べていた。私も食べ始めると、１人の子が「わ！なっちゃんがまだ焼いてる！！」と、今気づいたかのように言った。すると子どもたちが、一斉に窓から外を見に立った。私はなっちゃんが焚き火に残っていることを知っていたので、そのまま食べていたら、子どもたちが次々と靴を履いて外に飛び出し始めた。え、これってそんなに大変なことなのか！と､私は少し驚いた。今までもピッコロハウス内で活動中、外に誰かがいても迎えに行かず、中で待っていることは何回もあった。しかし今日は違うようだ。私も食べるのをやめて焚き火に行ってみた。すると数名の男子がなっちゃんの周りで喧嘩をしていた。「僕が焼いてあげる！」「僕が先に焼いてあげようと思ったんだよ！」彼らはみんななっちゃんを助けたかったのだ。なっちゃんは幸せものだなぁと思ったら、なっちゃんがまた泣き出した。え、みんなが来てくれたのになぜ泣くのだ？と思った。するとなっちゃんは泣きながら「ありがとう…ありがとう」と言い出し、私は驚いた。え、幼児に嬉し涙はあるのだろうか。その涙は先程の涙よりキレイに見えた。男子の喧嘩も話がつき、順番に焼いてあげていた。するとピッコロハウスから大きな声が聞こえてきたのだ。外に出てこなかった何名もの小さい学年の子どもたちが全員窓から顔を出し、「がんば～れ！なっちゃん」「がんば～れ！なっちゃん」と大合唱していたのだ。小さい子たちばかりだったので、どうやって全員が声を合わせるということができたのだろうかと、とても不思議だったが、彼らの顔も生き生きと光っていた。

冬の静かな森で弁当を途中でやめた全員の子どもたちが、とてもいい顔で心から1人の子を応援した。誰が決めたわけでもなく、子どもたち自らのその声が森に響き渡り、この場はなんて幸せなのだろうと泣きそうになった。

この時点で12時半近くになっていた。誰かが焚き火の側で「もうすぐお母さん来ちゃう？」と私に聞いた。「そうだね」と私が言ったら、なっちゃんが言ったのだ。「続きは家で焼く」と。自分の母も来てしまうが、他の子の心配もしていたように見えた。彼女は最後も自分で決めた。

私は先程のなっちゃんが嬉し泣きだったのかを確認したかった。子ども理解をしないと保育ができないからだ。聞くと彼女はこう言った。「最初泣いたのは寂しかったからで、２回目に泣いたのは悲しいと嬉しいが半分ずつ」と。まるで青春ドラマのようだった。彼女はみんなの気持ちが嬉しくて泣いたのだ。心のヒダが何重にも育っている。そして本当の友だちがここにいる。この先、今日のことが心の強さになって彼女を助ける日が来るかもしれない。どうぞこの宝を持って、強く優しく前を向いて生きていってほしい。今日は友情についての保育になったが、毎年学年末に向かって「本当の優しさとは」や「正義とは」等という保育になっていく。その究極の姿の一歩を、今日歩み始めたような気がした。濃くて寂しい季節の始まりだ。

3-5
森のピッコロ物語

群れで育つ

森のようちえんピッコロでは、ずれることもあるがその子の誕生日に誕生会をしている。その日1日は誕生児が主役だ。朝の会では誕生児の好きなところを全員が言う。「戦っているところが好き」「笑っている顔が好き」「ぼーっとしているところが好き」。子どもたちはいろいろ言う。大人はぼーっとしているところをネガティブにとりがちだが、彼らは違う。「リラックスしている表情が好き」とで

も翻訳した方がいいのかもしれない。子どもの言葉を大人の感覚で受け取ると「ぼーっとしてるなんて言っちゃダメよ」と言いがちだが、これは語彙が少ないためで、十分な愛情表現なのだ。これで怒られると悲しいと思う。

その日は全員が誕生児に心を寄せる。登園すると個々で「誕生日だね、おめでとう」などと微笑み合っている。誕生児は少し浮いているように見える。全員の嬉しさの中にその子がいる。

午後の誕生会ではみんなからプレゼントをもらう。といっても、あげたい人があげるという仕組みだ。前日作った折り紙、木の棒、石、歌のプレゼントということもあった。その日は年長男児よっちゃんの誕生会だった。個々にプレゼントを手渡す。渡すときに、みんなにそのプレゼントの説明をする。年中女児なっちゃんは、水色の折り紙をはさみで五角形に切ってきた。私はおうちかな、と思ったらなっちゃんは「ロケット」とみんなに言った。よっちゃんの好きそうなものを作ったのだろう。するとＡ君が「ロケットに見えない！！」と、大きな声で言ったのだ。せっかく前日から誕生児のことを想い準備した折り紙は、切っただけなので他の物にも見える。「ロケットに見えない」という言葉も間違ってはいない。その子はそう感じたのでいい。ただなっちゃんはどう思うのか。私はなっちゃんの顔を見た。落ち込んでいるようには見えなかった。彼女は、あれ、聞こえたよね？と思うほど表情に変化はなかった。ただ表情が変わらないからといって、落ち込んでないとは限らない。でも泣きそうな顔を見るよりはよかった。

こんなとき、今でも対応にとても迷う。①「そんなこと言っちゃだめよ」と言う。②ロケットに見えないと思うことは自由なのでＡ君に同調する。③なっちゃんが傷ついているかもしれないので触れずに流す。④子どもたちにロケットに見えるかどうか聞いてみる。保育は保育者の心持ちでどんな方向にも展開される。何が一番大事かは、何を育てたいかを一瞬で決めることだと思う。保育の仕事はのんびりしているように見えるが頭の中は忙しく、脳の瞬発力が必要だ。そうでないと場はすぐに流れてしまう。

そのときも私は迷った。「ロケットに見えない」という言葉への、子どもたちの心の反応を見てから決めようと観察していたら、次の瞬間に年長男児おーちゃんがとても優しくこう言ったのだ。「ロケットに見えるんだよ…」。それは泣きそうなほど丁寧で静かだった。私は息を飲んだ。こんな優しいやり方があるのだ。Ａ君を否定するわけでもなく、なっちゃんの気持ちを深く想っている。この言葉を聞いたＡ君は「だって本当にロケットに見えないもん！」とは言わず、黙って聞いていた。私には全員がおーちゃんの言葉の重みを感じたように見えた。誰もが「ロケットに見えない」の言葉に戸惑いがあったのかもしれない。この完璧なやり方が、すべての子どもたちを安心の輪で包んだ。たった一言だが、深く尊い。こうやって年長児は年中少児の信頼を獲得し、自分も伸びていく。群れで育つということはこういうことだ。大人の「そんなこと言っちゃだめよ」という言葉ではマニュアルっぽくなり、大人が入ると場が変になることが多い。叱るでもなく、Ａ君を認めながら正していく。その微妙なあうんの力は子どもにしかできない。この感覚を育てるのは大人では難しいと感じるのだ。

以前も同じようなことがあり、そのとき子どもたちはこう言った。今回のことで言うと「ロケットに見えないと思ってもいいけれど、言わない方がいい」と。考えの自由は尊重し、しかし自由でも相手に伝えてはいけないことがあるということだ。やりたい放題とは違い、本当の自由は難しい。子どもたちは、相手を嫌な気持ちにさせることはとてもいけないことだとも言う。だからヘイトスピーチなんてもっての他だ。傷は治るが言葉の傷は治りにくい。

センスと人間性で場に入るか入らないかを決めながら、私は温かい健全な集団を作り、その群れの中で子どもたちが育ち合う。さぁ３学期、子どもたちは見事に卒園＆進級するが、私はまた寂しい季節の始まりだ。

3-6
森のピッコロ物語

鬼の気持ち

節分にはピッコロにも鬼が来る。子どもには(大人もか)、世の中に人間以外の怖いものがあった方がいいし、それは鬼アプリなどではなく、神様に近い存在がいいと思う。だからピッコロには怖い鬼が来るし、帰るときに鬼と仲良くもならず、鬼は怖いままで帰っていただく。

前日の帰りの会で鬼の話になった。年中少児は怖がり、ピッコロを休むと宣言する子もいた（笑）。すると年長児がこう言った。「鬼は子どもたちの悪い心を取りに来てくれるんだよ！」。鬼に敬意を払っているのだ。子どもたち一人ひとりに聞くと、３歳児でさえも「ケンカしちゃうところ」「嘘つくこと」と、各自が自分の悪い心を知っている。自分が見えているということだ。でも年中少児の怖い気持ちは誰にも訂正できないので、少し加勢する意味で私はこう言った。「鬼は顔が怖いから怖がられても仕方ないのじゃないの」と。すると年長男児おーちゃんが強い口調でこう言った。「顔が怖いのは鬼のせいじゃないよ！！」。気合いの入った言葉には鬼への愛情が込められ、彼は鬼の生まれながらの顔の怖さをかばった。子どものとき、島崎藤村の『破戒』を泣きながら読み、生まれながらの境遇の差別に激しく憤りを覚えたことを思い出したが、彼はそのことも言ったと感じた。

鬼は子どもたちにいいことをするために来るのに、みんなに嫌われる。その立場を憂い、おーちゃんは豆を投げないと言った。すると年長男児よっちゃんがこう言った。「鬼は自分が怖い顔だとわかっている。豆を投げられることを承知で子どもたちのために来てくれると思う。だから（豆を）投げてもいい」と。鬼を想い、鬼の覚悟を自分事にした。怖い鬼の尊重と感謝と慈しみ。こんなにやさしく深い心を持っている子たちがいるのだ。

年中少児はそれを聞いて驚いた。怖いと思っただけの心が動き、鬼の気持ちを知り、鬼もかわいそうと思い始めた。でも怖い。いくつもの気持ちが入り混じりそれでいい。心に正解はない。共に考え自分の気持ちを感じ、それで心のヒダが何重にも育つのだ。

節分当日、自由遊びの途中で突然現れる２人の鬼は相変わらず怖かった。子どもたちは逃げ回ったり、勇気のある子は豆を投げた。後から聞くと、驚くことに倉庫の裏にずっと隠れていた年中女児あーちゃんは「鬼が自分の横を通ったとき（自分の）悪い心を取ってくれた」と言った。泣き声で隠れた場所がわかるので、無理に声をこらえるほどの怖い気持ちの中に、本来なぜ鬼が来てくれるのかを意識しているのだ。子どもを甘く見てはいけない。

しばらく子どもたちを追いかけてくれた鬼は、立候補の子から保護者手作りの恵方巻きをもらい帰っていく。子どもたちは安堵のもと鬼を見送るのだが、今年度初めて年長男児と年中男児１名は、怖いので少し距離を置きながらも鬼の後を追い、園庭の一番端に立ち、道を帰っていく鬼の後ろ姿に見えなくなるまで手を振った。そしてつぶやいたのだ。「鬼にさよならするのが辛い」と。つ、辛い！？幼児にそんな感情が芽生えるのか！　私も涙が出た。昨年は怖いだけの存在だったのに、今年は鬼に対しての愛情が湧いていた。人のためにしている行為が報われないという、生まれながらの鬼の形相と不条理。それでも子どもたちのために来てくれた鬼の覚悟と愛情を感じたのだろうか。怖いけれどもっといてほしかった、鬼のやさしさもっと感じたかったし、自分も鬼に愛を与えたかったのかもしれない。それが寂しいや悲しいではなく「辛い」という言葉になったのか。いつまでも見送った時間は鬼に心を寄せた時間であり、子どもたちの心を静かに深く揺らした時間でもあった。私は遠くで彼らの後ろ姿を眺め、痛いほど彼らの気持ちがわかり、書いている今も泣いてしまう。小さい子どもが感じている深い気持ちを、大人が理解したときに子どもへの愛おしさでいっぱいになる。あのとき私の母も同じ気持ちだったのだと今わかった。

大人になるまでに、そうやって真の愛情から快適もそうでない感情もしっかり受け止め、深くやさしい人になってほしい。多分今後、世の不条理に向き合うこともあるだろう。そのとき心の底の今日の出来事に、無意識に助けられるかもしれない。心は揺れて大きくなり、揺れても倒れない強さを今、育てているのだ。

3-7
森のピッコロ物語

2つの気持ち

森のようちえんピッコロでは、年度の最終日は子どもたちの好きなことをする日にしている。過去にはおむすび握り放題やバス遠足といろいろやった。今年度は多くの提案があったが、最終的に「パン食い競走」と「パフェパーティー」に絞られた。最近子どもたちは多数決を採用することが多く、数えた結果パン食い競走を選んだ人が多かった。すると「でもパフェの人がかわいそうだし」と、パン

食い競走は採択されない。あくまでも、友の気持ちを大事にする面白い多数決なのだ。すると次に「１人がジャンケン！」と、代表者ジャンケンをすることになり、パン食いチーム代表の年長男児おーちゃんが勝った。そしてパフェチーム代表の年長男児よっちゃんがチーンと沈んだ顔になり、場は静まった。するとその顔を見ておーちゃんが言った。「よっちゃんがジャンケンで決めようって言い出したんだよ！なのに変な顔してつまんない」と、少し怒り顔だった。すかさずよっちゃんも「僕が言い出したから今、心を譲ろうと考えていたのに！もう譲りたくない！」と、泣き出してしまった。人が気持ちを調整するには、当たり前だが時間がかかる。それをやろうとしているときだった。しかし、おーちゃんの気持ちもよくわかる。どちらが悪いということではない。こうやって本気のケンカができるのはとてもいいし、このケンカを全園児が見ているのもとてもいい。

大好きなよっちゃんが泣いたことに他の子どもたちも同じ気持ちになったのか、パン食いチームの場所にいた子どもたちが次々と移動し始め、パフェチームの人数が多くなった。するとおーちゃんがものすごい顔でさらに怒り出したのだ。「なんで移るの！！」と。自分のチームの人数が少なくなったからだと誰もが思うが、おーちゃんはこう言った。「２つの気持ちを考えたの！！」と湯気が出るほど怒ったが、私には少し涙ぐんでいるようにも見えた。泣いたよっちゃんがかわいそうだと思う気持ちはわかりやすい。しかし正式なジャンケンで勝ったおーちゃんも嫌な気持ちがした。その両者の気持ちを考えて行動したのかということか。大人も子どもも動けなかった。彼はパン食い競走をやりたいわけではない。子どもたちに（大人にも）生きるのに何が大事かを今、教えてくれているのだ。

年中少児はこの高度な気持ちのやりとりをものすごく考えた。すると年中男児まきと君がハッとしてこう言った。「２つの気持ちを考えなかったから嫌なんだね！」と。この瞬間にまきと君はそれがわかったのだ。人がレベルの高い心の位置に気づいた瞬間に私は立ち会った。子どもたちは大人の設定のないところで、自分で気づき自分のものにしていく。大人が言葉で教えられないことを群れで獲得しているのだ。

それ以降もいろいろあったが（ジャンケンや話し合い）、結局よっちゃんが５戦ジャンケンで勝ち、長時間の話し合いの結末はパフェパーティーに決まった。全員がホッとしている最後の最後に、よっちゃんがこう言った。「パン食いでいいよ」と。え、ここで譲った！と、私はとても驚いた。よっちゃんの中の何がそうさせたのだろう。幼児は自分のことだけを考えているわけではない。するとさらにパン食いチームのおーちゃんがこう言ったのだ。「よっちゃんはいつも譲ってるから譲んなくていいよ。自分の気持ちを見て」と。なんじゃこれ。もうこれは保育内容を決める場ではなく、哲学や宗教に近いのかもしれない。「自分の気持ちを見て」と、幼児が言っているのだ。しかしよく考えてみると、ピッコロでやっている飯炊きもパン遠足も誕生会も保育内容のすべてが、自分の生き方を感じ、自分で決めていく場で、結果的に飯を炊ける子にはなるかもしれないが、それが目的ではない。子どもたちはこうして3年間毎日心のやりとりを受け、感じ、考え、卒園するころには幾重にもの心のヒダを持って卒園していく。それは一生の宝になると私は思う。

またこの濃い保育をした日は、外部の方がいらした視察日だった。たまたま北杜市議の方がこれを見て、「北杜市議に見せたいです」とおっしゃった。民主主義は相手をののしるケンカではない。あらゆる意見を知り、そこにいる誰もが納得する方法を生み出していくので時間がかかるし面倒くさい。でもここにある。だから大人もがんばらないと。自分を見るとそれができるのかもしれない。

3-8 森のピッコロ物語

叱るとは

森のようちえんピッコロに新しい仲間（８名）が入ってくれるのを、子どもたちは楽しみに待っていた。年中児は今までやさしくしてもらった分「私が（弁当を）食べさせてあげる！」と、やる気満々。年長児も私が「年長さんに頼もうかな」などと言おうものなら、隠したいけど顔が緩み、笑ってしまうありさまで、この時期の子どもたちは本当に浮いているように見える。学年が１つ上がるという

ことはこんなに嬉しいことなのか。大人の皆様、誕生日が来ると隠せないほど嬉しいですか。人が生きるとは本来こうなのだろうと思いながら、毎年子どもたちがうらやましくなる。

私は今まで一生働きたい園が見つからず7回転職をし、結果的には自分で園を作ってしまったのだが、それはいい保育者になりたいという強い思いがあったからだ。そして保育のプロになり、職人のように、一生自分の技だけで配偶者や社会から自立できるかをどうしても試してみたかった。自分でも不思議だが、この強い想いのきっかけは何も思い当たらない。それを約束して生まれてきたという曖昧な答えが一番しっくりする。保育で食べていくということは私にとっては並大抵のことではなく、いい保育者を目指し必死で、当然その分失敗も多かった。

現在毎月1回の頻度で、全国各地でピッコロの子どもたちの育ちについての講演に呼ばれるようになったが、先日の講演会で「以前の叱り方と今の叱り方はどう違いますか」という質問が出た。若いときはがんばっていたが、いい保育は全くできなかった。例えば給食を残す子がいると「この子は夕方まで園で預かるから、全部食べないともたなくてかわいそう」と思うが、反面で「うちのクラスに残食が多いと園長先生に怒られる」とも思っている。そして子どもには善人っぽい自分を出し、でも半分はエゴで叱っているひどい大人だった。そのころ、保育中に自分を見ることなどほとんどできていなかった。子どもは大人をスケルトンで見ているから、私が本心で心配しているのか、エゴなのかはわかっていただろう。ただ子どもは「中島はエゴで叱ってる！」とは言わない。指摘された方がまだよかったが、彼らは私を黙って許し続けてくれたのだ。これが子どもという人たちだ。イケテナイ保育を通りすぎないと今の保育はできなかったが、かつて担当した子どもたちには心から申し訳ないと思っている。最近は修行を積んだおかげで、エゴや感情で叱ったことはピッコロの12年間でたぶん1回だけだ。だが過去の数百回もの変な理由で叱ったときの後味は確かに悪かった。“叱らない保育”というのは、このエゴで叱るのをやめたいということなのか。

オランダにイエナプラン研修に行ったとき、空港でオムツの赤ちゃんが騒がしく走っていた。するとお父さんがものすごく叱り、待合室からその子を出した。同席していたオランダ人も、寝ている人がいるからそれを当たり前と言った。オムツをはいているほどの小さい子なのに厳しいなぁと私は驚いたが、心地よさも感じた。ちなみにオランダの子どもたちは世界で一番幸せだと言われている。

私もピッコロで子どもたちが悪いことをしたらもちろん

叱る。叱られた後、子どもは私にドングリや花を持ってきて嬉しそうにしたり、抱っこされたりする。最初は叱られて怖かったから、私の機嫌をとっているのかと思ったが違う。子どもたちは「先生は怒るのが仕事」や「先生が怒れば怒るほど、いい人が増える」とも言うのだ。卒園間近の女子４人と話していて、何気なく「みんなは幸せなの？」と聞いてみたら、１人の子が「う～ん♡」と言った。私が「なんで？」と聞いたら「怒られるから～♡」と言ったのだ。卒園間近で浮かれているからだと思い「本当は？」と聞き返したら「怒られるからだよ」と本気だった。訳を聞いたら「怒られるといい人になれるから」だそうだ。卒園時には「怒ってくれてありがとう」とまで言うようになる。「叱る」や「怒る」の言葉の意味は人によって違うのかもしれないが、私は「叱る」を「向き合う」に近い意味でとらえていることがわかった。高校生のとき、エゴでなく100%自分を想って向き合ってくれた先生は怖くても好きだった。前回このちびっこぷれすの特集で「叱る」というキーワードの特集がありがたく、そこからずっと「叱る」について考えていて楽しい。正解はないので、私が出した答えが今の私の正解だ。でもそれは永遠の正解でもない。明日は違う答えになり、だから楽しいのだ。

おわりに

このコラムは山梨県内の図書館や銀行、ショッピングセンターなど300か所で毎月配布される、やまなし子育てサポートマガジン「ちびっこぷれす」に書かせていただいたもので、10年前、ちびっこぷれす発行人の加々美吉憲さんが、取材の際に中島を見つけてくださいました。

また出版してくださったのは中村堂の中村宏隆さんです。ピッコロようちえんの映画「life ピッコロと森のかみさま」の川崎での上映会で初めてお会いし、コラムを読んでくださり感動され、大変お忙しい中、形にしたいとの強い気持ちのおかげでこの書籍は出来上がりました。教育や社会をよりよくしたい熱い方々のおかげです。心から感謝申し上げます。

昔、このコラムに中島の写真は毎月掲載され、他の写真は変わるのはなぜかと疑問をもったピッコロっ子がいました。またそのご両親は毎回コラムをその子に読んで聞かせていたそうです。するとある日彼が、中島はこれで（このコラムで）何をしているのか、とお父さまに質問したそうです。お父さまは「社会を変えたいんやないの」と返答し、彼はふ～んと言いました。幼児にその返答をするお父さまも素晴らしいと思いましたが、彼はその程度のことは理解できる子だと私も思いました。お父さまが子どもだましの返答をしたら彼はどう思ったのでしょうか。子どもは大人が思うほど子どもではないと思います。

私は一応保育のプロだと思っていますが、文章を書くのはプロではないので、毎月何日もかけて、絞り出すようにしないとこのコラムは書けないのですが、子育て世代だけでなくいろいろな方より「ハッとしました」「忘れていたことを思い出しました」と感想をいただくことがあり、少しでも誰かの役に立てることがわかり、コラムの仕事はとても有難いと思っていますし、それが書籍となり全国に広がることが、社会に必要でしたらとても嬉しいことです。

今、コラムを読み返しますと、昔から同じことを言っているなという箇所と、少し古いなと思う箇所があります。毎年子どもの見方は変わっていきますので、本書で今とは違うと思うところも、現在が正解という訳でもありませんので、それなりに読んでくださると有難いです。

これからも私の少し（かなり）古めな全感覚を使って、いつまでも彼らを理解していけたらと思っています。こんなに素敵な書籍作成に関わってくださったすべての方に心からお礼申し上げます。ありがとうございました、本当に。

2023年9月26日　中島久美子

本書は、ＮＰＯ法人子育て支援センターちびっこはうすが発行する子育て情報誌「ちびっこぷれす」に、2017年6月から2019年4月までに著者が寄稿して連載された「こたえは森のなか　森のピッコロようちえんのぼうけん」に、書き下ろした原稿と対談を加えて、1冊にまとめたものです。

【初出一覧】

1-1　きまりを守る子－2017年6月発行　No.217
1-2　北風と太陽－2017年7月発行　No.218
1-3　子ども理解－2017年8月発行　No.219
1-4　白い花－2017年9月発行　No.220
1-5　キノコ－2017年10月発行　No.221
1-6　子どもを見る－2017年11月発行　No.222
1-7　ケンカの仲裁－2017年12月発行　No.223
1-8　神様のムスメさん－2018年1月発行　No.224

■私と森のピッコロようちえん　　書き下ろし

2-1　ランドセルミーティング－2018年2月発行　No.225
2-2　おじさんが笑った－2018年3月発行　No.226
2-3　大和神社－2018年4月発行　No.227
2-4　やったことないから－2018年5月発行　No.228
2-5　まさかの年少児－2018年6月発行　No.229
2-6　森の学校での話し合い－2018年7月発行　No.230
2-7　お泊まり保育－2018年8月発行　No.231
2-8　子どもにとってのいい社会とは－2018年9月発行　No.232

【対談】「違う」って、かっこいい!!　「白熱する教室　第34号（2023年秋号）」
中村堂発行　※後半3分の1は、本書初出

3-1　台風の日－2018年10月発行　No.233
3-2　年長ミーティング－2018年11月発行　No.234
3-3　絵本『かりのけいこ』－2018年12月発行　No.235
3-4　応援団－2019年1月発行　No.236
3-5　群れで育つ－2019年2月発行　No.237
3-6　鬼の気持ち－2019年3月発行　No.238
3-7　2つの気持ち－2019年4月発行　No.239
3-8　叱るとは－2019年5月発行　No.240

●著者………………………………………………………………………………

中島　久美子（なかじま・くみこ）

神奈川県生まれ。幼稚園・保育園での勤務を経た後、2007年に山梨県北杜市で自主運営の「森のようちえんピッコロ（その後、「森のピッコロようちえん」と改称）」を開園し、現在17年め。大人が先導せず子どもに任せる保育を実践し、自分で考え、命を身近に感じながら毎日を過ごす24名の子どもたちと共に、学び合い成長し合う日々を送っている。

【写真】加々美　吉憲（かがみ・よしのり）
　　　　中村堂編集部

【対談】菊池　省三（きくち・しょうぞう）
プロフィールは、本文119ページを参照してください。

森のピッコロ物語　信じて待つ保育

2023年11月1日　第1刷発行

著　／中島久美子　（対談　菊池省三）
発行者／中村宏隆
発行所／株式会社　中村堂
　　　　〒104-0043　東京都中央区湊3-11-7
　　　　湊92ビル 4F
　　　　Tel.03-5244-9939　Fax.03-5244-9938
　　　　ホームページ　http://www.nakadoh.com

編集・印刷・製本／株式会社丸井工文社

ISBN978-4-907571-91-7

ドキュメンタリー映画「life ライフ ～ピッコロと森のかみさま～」

森のなかで懸命に生きる子どもたちの逞しい姿には畏敬の念を憶えると共に、我々に毅然と生きる勇気のようなものを与えてくれる無二の存在だと思いました。この映画を子どもに関わるすべての皆さまに観ていただき、この感動を共有できましたら、こんな嬉しいことはありません。
（監督　筒井勝彦）

予告編はこちらから。
https://youtu.be/hJbUA_ShEIU

コラム「こたえは森のなか～森のピッコロようちえんの冒険～」連載中

『ちびっこぷれす』は、山梨の子育てを楽しくするための様々な情報を掲載した毎月1日発行のフリーペーパーです。中島久美子代表がコラム「こたえは森のなか～森のピッコロようちえんの冒険～」を 2013 年 4 月から 10 年以上にわたり連載中です。以下のサイトでバックナンバーをご覧いただけます。

https://chibikkopress.mystrikingly.com/